VIE

DE

M. BOUVET

DIT

L'ONCLE-JACQUES

CURÉ DE SAINT-MAURICE D'ANNECY

PAR

SON SUCCESSEUR LE CHANOINE J. MERCIER

> Mementote præpositorum vestro-
> rum qui vobis locuti sunt verbum
> Dei ; quorum intuentes exitum con-
> versationis, imitamini fidem.
> (*Hœbr.*, XIII, 7.)

NOUVELLE ÉDITION REVUE ET COMPLÉTÉE

ANNECY

FR. ABRY, LIBRAIRE || J. NIÉRAT, IMPRIMEUR
— rue de l'Évêché — || — rue de la République —

GENÈVE, TREMBLEY, LIBRAIRE, rue Corraterie

1894

ANNECY. — Imprimerie J. NIÉRAT, rue de la République, 3

Annecy, le 19 janvier 1870.

ÉMINENCE,

L'Oncle-Jacques, m'avez-vous fait l'honneur de m'écrire, fut pour vous un ami. A lui seul, ce témoignage est, à la fois, le plus bel éloge de M. Bouvet et la plus légitime excuse de ma hardiesse à vous dédier sa biographie.

D'ailleurs, si obscure que soit la main qui vous la présente, elle ne vous est pas étrangère ; c'est de vous qu'elle a reçu l'onction sacerdotale en 1843.

Éminence, votre ami vécut dans ces jours néfastes dont vos précieux Mémoires nous retracent les souvenirs. Toujours il fut digne de votre haute amitié et de la vénération des peuples. Il convient de sauver de l'oubli cette figure sacerdotale, comme une gloire de l'ancien clergé et un modèle pour le clergé contemporain.

En mettant au frontispice de mon livre le nom d'un esprit supérieur en tous genres de mérites, d'un prince de l'Église à qui un grand

Pape vient de témoigner une estime et une affection distinguées, d'un patriarche à qui Dieu semble accorder par anticipation l'immortalité du temps, je sais, Éminence, que ce nom vénéré devient, à la fois, une bénédiction et une réclame pour mon travail; mais je puis me rendre le témoignage que, en vous le dédiant, ma seule, mais ma vive ambition est de vous voir accueillir favorablement les sentiments profonds de respect, de reconnaissance et d'admiration avec lesquels j'ai l'honneur d'être,

Éminence,

Votre très humble et obéissant serviteur,

L'abbé MERCIER,
Curé de Saint-Maurice d'Annecy.

A S. E. le Card. Billiet, Arch. de Chambéry.

ARCHEVÊCHÉ DE CHAMBÉRY

Chambéry, le 28 janvier 1870.

MONSIEUR L'ABBÉ,

J'ai reçu la Vie de M. Bouvet, *que vous avez bien voulu m'envoyer. J'en accepte la dédicace avec reconnaissance. J'aime à y retrouver le souvenir de cet homme dont la charité était si bonne et si populaire, — quoique toujours digne de la sainteté de son ministère.*

J'aime aussi à retrouver dans une page de votre livre le souvenir de M. l'abbé de Saint-Marcel, auquel je dois de la reconnaissance pour quelques encouragements qu'il m'a donnés dans mes jeunes années.

J'ai l'honneur d'être avec dévouement,

Monsieur l'Abbé,

Votre très humble et obéissant serviteur,

† ALEXIS,

Cardinal-Archevêque.

A M. l'Abbé Mercier, Curé de Saint-Maurice, à Annecy

AVIS DE L'ÉDITEUR

La première édition de la *Vie de M. Bouvet, dit l'Oncle-Jacques*, est épuisée depuis longtemps et c'est en vain qu'on en recherche encore des exemplaires. L'auteur ayant cédé la propriété de cette biographie, aussi attrayante par la forme qu'intéressante pour le fond, une nouvelle édition en est offerte au public. Les légères retouches et additions, que l'auteur a bien voulu y introduire, contribueront encore à lui assurer un accueil favorable auprès du clergé diocésain et des nombreux lecteurs qui s'intéressent à l'histoire religieuse de notre pays pendant la Révolution française.

PRÉFACE

La génération, qui va s'éteignant sous nos yeux, a pu connaître encore quelques-uns de ces hommes, dont l'attitude et les services, pendant la tourmente révolutionnaire, semblaient devoir immortaliser la mémoire. Mais, en disparaissant de la scène de la vie, ces grandes figures subissent le sort commun : *Debemur morti nos nostraque*. Un moment leur mémoire a paru grandir, comme le sillage va s'élargissant à mesure que le navire s'éloigne ; mais, de même que sa trace ne tarde pas à s'affaiblir, puis à disparaître de la surface des eaux, ainsi en serait-il, même des existences qui ont le mieux marqué leur passage par leurs œuvres, si la plume n'en recueillait et n'en fixait les souvenirs.

S'il fut, dans les rangs du clergé, une mémoire qui ne doive pas périr, un nom populaire et sympathique, une carrière pleine et féconde, ce sont assurément là des avantages que nous pouvons revendiquer pour M. Bouvet, dit l'*Oncle-Jacques*. Pendant la grande Révolution, il fut comme le second apôtre du Chablais ; plus tard, il fut, pendant vingt-six ans, à Annecy, le plus grand restaurateur de la religion, le bienfaiteur, l'ami, le père et le pasteur de tous les habitants de cette ville. Un laps de soixante ans n'a pu encore démolir cette mémoire ni effacer les traits de cette figure. Mais déjà ces traits commencent à se brouiller. Hâtons-nous de les recueillir et de les dessiner, pour les préserver de l'oubli, pour les présenter encore reconnaissables et toujours admirables à nos contemporains et même à nos neveux.

Il y a plus de cinquante ans, une plume autorisée et amie, celle de l'illustre M. Vuarin, curé de Genève, avait rédigé une notice sur M. Bouvet. Mais ces pages, trop courtes et déjà rares, n'étaient que le prélude d'un important ouvrage, qu'il annonçait sous ce titre : *Mémoires historiques sur le Clergé de Genève, pendant les persécutions du siècle dernier*. Nul doute que l'Oncle-Jacques n'y eût occupé une place distinguée. Malheureusement, l'illustre écrivain n'a pu remplir ni sa promesse ni notre attente : la mort vint le frapper.

Dans ses précieux *Mémoires sur le diocèse de Chambéry*, S. E. le cardinal Billiet n'a pu étendre assez son cadre pour nous laisser quelque mention de l'*Oncle-Jacques*, qui était cependant pour Lui *une connaissance intime, un ami*. Cette regrettable lacune a été, en partie, comblée par une lettre précieuse, où, avec une déférence qui nous confond, Il a daigné nous éclaircir quelques difficultés historiques. Elle enrichira les notes de ce livre.

Du reste, toute lacune eût disparu, si S. G. Mgr Magnin avait eu assez de loisir pour donner à son diocèse d'Annecy ses *Mémoires ecclésiastiques*, si vivement désirés et que nul, mieux que Lui, ne pouvait rendre intéressants et complets.

En attendant, nous venons offrir au public la *Vie de M. Bouvet* dit l'*Oncle-Jacques*. Cette existence s'est trouvée mêlée à tant d'évènements divers, à tant de situations critiques, à tant d'œuvres de tous genres qu'elle présentera un intérêt à la fois historique et dramatique. A nos vénérés confrères dans le sacerdoce, cette *Vie* rappellera, en les commentant, les paroles que Mathatias mourant adressait à ses enfants : *N'oubliez pas les œuvres de nos ancêtres* dans le service de l'Eglise; comme eux, soyez prêts aux épreuves nouvelles que la Providence semble nous préparer, et, dussiez-vous être victimes du devoir, *vous recueillerez une grande gloire et un nom éternel* (I. Macch., II, 51).

Aux habitants d'Annecy et du Chablais, cette *Vie* répètera les paroles de l'Apôtre : *Souvenez-vous de ces hommes de Dieu, qui furent les apôtres et les pères de vos âmes; contemplez leur vie, leurs combats et leur mort ; imitez leur fidélité* (Hebr., II, 13).

Le biographe lui-même de M. Bouvet, en étudiant et en écrivant une vie aussi sacerdotale, conservera présentes à la mémoire ces paroles de M. Vuarin, dans sa notice sur M. Bouvet : « Il a administré la paroisse de Saint-Maurice pendant vingt-six ans..., avec un zèle qui pourra être rappelé à tous ses successeurs, comme modèle et comme motif d'encouragement. »

Mais, de même qu'il est plus facile d'admirer cette vie que de l'imiter, de même il est plus facile de l'étudier que de l'écrire. Cette belle carrière, prise dans son ensemble comme dans ses détails, paraît vraiment merveilleuse. Plus nous nous mettons en face de ce prêtre exceptionnel, plus cette figure grandit sous nos regards.

Du reste, la Providence nous a facilité notre tâche, en nous plaçant sur les deux principaux théâtres où a paru notre héros. Dans le Chablais comme à Annecy, partout nous avons pu reconnaître les grandes traces de son passage ; partout recueillir, sur place, des souvenirs et des documents précieux pour sa biographie.

Mais, outre les recherches que nous avons faites nous-même, il nous a été donné de profiter d'un important recueil de notes, patiemment et consciencieusement colligées par M. le chevalier Rollier, de Thonon, à une époque déjà reculée, où les souvenirs étaient encore frais et un grand nombre de témoins vivants. Qu'il en reçoive ici notre reconnaissance, ainsi que tous les autres obligeants correspondants dont nous avons utilisé les travaux.

Un regret, que nos lecteurs éprouveront comme nous, c'est que nous n'ayons pu soigner, comme nous l'eussions désiré, la forme littéraire de notre récit ; mais ils s'en consoleront, comme nous, par la fidélité et l'intérêt du fond. Tout y est rigoureusement vrai, même les récits qui portent la teinte la plus légendaire.

Lorsque nous y trouverons des raisons d'opportunité ou de convenance, nous supprimerons des noms propres ; mais nous n'entendons point nous faire une loi inflexible d'un pareil silence. Il est des noms qui se sont d'eux-mêmes livrés, sinon à l'histoire, du moins à la publicité. A eux de porter devant le public le poids de leurs œuvres. Dieu nous garde d'abuser du droit d'appeler les personnes et les choses par leurs noms ! Mais il est bon que le jugement de la postérité sur les actes des morts serve de frein ou de stimulant aux vivants. Cependant, les noms que nous aimerons surtout à reproduire, ce sont ceux des personnes qui auront bien mérité de M. Bouvet ou de la cause dont il était le champion.

Peut-être nous étendrons-nous un peu dans l'exposé de certaines situations, dès qu'il sera amené ou justifié par le sujet. Si le peintre et le poète, au dire d'Horace, ont le droit de tout oser en matière de fictions, comment refusera-t-on cette liberté à l'historien et au biographe, quand il s'agira de la vérité ? Si l'on a vu de nos jours des écrivains de renom, les Bresciani, les Wiseman, les A. Lamothe, les P. Féval, dans le but de donner de l'intérêt et du charme à leurs études historiques, à leurs peintures de mœurs, dramatiser leur récit, inventer des personnages, créer ou du moins exploiter le roman historique, comment nous contesterait-on le droit de profiter de notre héros, personnage réel, pour nous livrer à certaines appréciations sur le milieu où il parut, sur les circonstances diverses qui le touchent de près ou de loin ?

Du reste, notre sujet est assez intéressant par lui-même pour qu'il n'exige ni n'admette d'autres atours que ceux de la simplicité et de la vérité.

Certains faits, plus ou moins connexes, ou même simplement parallèles à notre récit, seront recueillis avec soin et imprimés en un faisceau de notes à la fin de ce livre. On y remarquera que nous avons puisé aux sources sûres et officielles.

Ce que nous avons prétendu faire, c'est un bon livre plutôt qu'un bel ouvrage. Aussi, nous l'espérons, le public sera indulgent pour notre travail en faveur de l'intention.

VIE

DE

M. BOUVET

DIT

L'ONCLE-JACQUES

CHAPITRE PREMIER

Sa naissance. — Sa famille. — Ses études. — Le collège de Thonon. — Diplômes de doctorat à Turin. — Séminaire d'Annecy. — Sa promotion aux saints Ordres. — Situation du clergé à cette époque. — Il est gardiateur à Reyvroz. — Son professorat et autres fonctions à Rumilly. — Situation religieuse et sociale avant la Révolution.

M. Bouvet Jacques, si connu depuis sous le nom de l'*Oncle-Jacques*, naquit, le 29 novembre 1751, dans la section d'Urine, détachée naguère du Biot, en Chablais, et annexée à la commune de La Baume. Son père Claude-François et sa mère Charlotte Dantand étaient de ces chrétiens antiques, qui conservaient avec une simplicité patriarcale le culte de la foi et des mœurs, ainsi que le respect des traditions héréditaires. Ils vivaient dans une honnête aisance, contents de leur sort, sans autre ambition que d'élever leur famille dans la crainte de Dieu.

Dès son âge le plus tendre, le petit Jacques fut entouré de soins et d'exemples. Dans cette précieuse atmosphère, il grandissait, comme le divin Enfant, en grâce et en taille devant Dieu et devant les hommes. Du reste, à plus d'un siècle de distance, nous ne connaissons aucune particularité digne d'être remarquée dans l'enfant qui devait être un jour l'*Oncle-Jacques*.

L'époque de la première communion, en même temps qu'elle affermit sa piété, révéla en lui une précocité et une solidité rares de moyens intellectuels. Son catéchiste le signala au père Bouvet comme un enfant de riche espérance ; il s'offrit même à lui donner des leçons et les exercices de latinité élémentaire. Ces instances échouèrent d'abord devant la résistance du père, qui avait besoin d'un fidèle berger pour son troupeau.

Mais Dieu, qui destinait un autre troupeau à ce jeune berger, plia enfin la volonté paternelle aux prières du fils et de toute la famille.

Quand notre berger quitta la houlette pour l'étude, il parcourait sa quatorzième année ; mais le temps avait mûri le jugement et les délais avaient redoublé l'ardeur de notre écolier. Il fit rapidement et avec succès toutes ses premières classes de latinité, jusqu'à la troisième inclusivement, dans sa paroisse natale.

Avec l'air vivifiant qu'il y respirait et les exercices champêtres auxquels il se livrait, son tempérament s'était singulièrement fortifié, sans que rien eût jamais effleuré la candide innocence de son cœur.

Après avoir terminé au Biot ses études de grammaire latine, il descendit à Thonon pour suivre les cours de belles-lettres, de philosophie et de théologie dogmatique dans le collège de Thonon, dirigé par les révérends Pères Barnabites.

Ce serait une erreur de croire que nos collèges, avant la Révolution, ne fussent que d'obscures béoties, uniquement favorables au maintien de l'ignorance. Les programmes des matières étaient sans doute moins étendus et moins variés que de nos jours ; on se répandait moins en superficie et en formules, mais les vraies sciences (nous ne disons pas les sciences physiques, qui ne reposent que sur l'observation et l'expérience), les sciences métaphysiques, qui seules méritent le nom de sciences dans sa plus noble acception, la logique, l'ontologie, la la psychologie, la théologie, étaient plus répandues et mieux cultivées qu'aujourd'hui.

Les études auxquelles on se livrait dans le collège de Thonon avaient toute l'ampleur et la solidité qu'elles comportaient. « Le collège des « Barnabites, dit M. Vittoz dans son intéres- « sant *Apostolat de saint François de Sales* « *à Thonon,* organisé par saint François de « Sales lui-même, en 1616, fut peut-être, jus- « qu'à la Révolution de 93, le collège le plus « brillant de la Savoie ; l'on y enseignait la « théologie, la philosophie, les belles-lettres, la « physique, la grammaire, la latinité et toutes « les langues étrangères. Il était surtout très- « renommé pour l'enseignement de la théologie

« dogmatique et pour celui de la langue grec-
« que. On venait y étudier de l'Allemagne, de
« la Suisse, de la France, de l'Italie. » C'est de
ce collège que sortirent quatre illustres princes
de l'Eglise : le cardinal Gerdil, NN. SS. Biord,
Bigex, Rey et M. le grand-vicaire Dubouloz,
l'une des gloires les plus pures de l'ancien clergé
de Genève. Une telle pléiade d'hommes émi-
nents ferait la réputation d'une plus grande
université.

C'est dans ce collège congréganiste de Thonon
que M. Bouvet fit tous ses cours, jusqu'à la
théologie inclusivement. Il y révéla des talents
solides et le plus heureux caractère ; il y
obtint des succès distingués qui, joints à une
conduite toujours digne et irréprochable, lui
méritèrent l'estime et la protection de ses
maîtres.

Cette protection lui fut très-utile pour se
présenter à l'Université de Turin, où il demeura
deux ans. Il était si bien doué qu'il ne paraissait novice sur rien ni étranger nulle part.
Au terme de ses cours, il prit victorieusement
ses examens et fut gradué docteur en théologie
et ès-droits (canonique et civil), le 14 juillet 1777.
Quelles que pussent être, dès cette époque, les
tendances ou les traditions de cette université,
M. Bouvet n'en rapporta que des doctrines
sûres, le respect le plus filial pour l'autorité de
l'Église, et des mœurs que rien n'entama jamais.
Il avait plus de vingt-cinq ans, quand il rentra
en Savoie, bien décidé à se vouer à l'état
ecclésiastique. Sa vocation ne pouvait paraître

douteuse, éprouvée qu'elle était par les années et par le contact du siècle dans une capitale.

Le nouveau docteur vint, pendant quelques semaines, retremper son tempérament à l'air pur de son lieu natal et ses habitudes au sein de sa famille frugale et simple, dont il était la joie et l'ornement. Dans l'automne de la même année, M. Bouvet vint s'enfermer dans le grand séminaire d'Annecy, dirigé depuis son origine par les P. Lazaristes, auxquels Mgr P.-J. d'Arenthon-d'Alex, héritier du culte de vénération que saint François de Sales avait professé pour saint Vincent de Paul et pour ses œuvres, avait confié l'éducation de la jeunesse cléricale de son diocèse, en l'année 1664. Les lévites, formés par les disciples de saint Vincent de Paul, prouvèrent au monde catholique, pendant l'époque révolutionnaire, qu'ils avaient su préparer au diocèse de saint François de Sales des prêtres riches des vertus sacerdotales, capables de combattre les combats du Seigneur.

L'abbé Bouvet se livra, sous leur direction, à l'étude de la morale et de la casuistique, science qui paraissait plus spécialement son élément, parce que, outre les talents naturels qu'elle requiert, elle exige surtout un riche fonds de jugement et de bon sens, dont il était si abondamment pourvu. Le cours de morale dura deux ans, pendant lesquels il reçut successivement les différents Ordres de la main de Mgr Biord, évêque et prince de Genève, résidant à Annecy. Sa promotion à la prêtrise est du 29 mai 1779.

Le voilà, avec ses vingt-sept ans et demi, plein de santé, de science, de vertu et de zèle : il est à la disposition de ses supérieurs ecclésiastiques ; il peut briller, du moins réussir dans toutes les carrières ouvertes au clergé ; mais toutes les positions sont occupées : les rangs sont au complet. Quoique le docteur Bouvet n'eût qu'un nom roturier, Mgr Biord, qui n'appartenait pas lui-même à la noblesse et qui savait apprécier et utiliser le mérite partout où il le rencontrait, n'attendait qu'une occasion favorable pour le placer avantageusement.

Mais, à bien des égards, le régime ecclésiastique d'alors différait de celui d'aujourd'hui : bon nombre de postes bénéficiaires n'étaient remplis que sur présentation des patrons, nobles laïques ou Ordres religieux, qui avaient droit de nomination, moyennant l'agrément de l'Ordinaire ; or, ces postes étaient le plus souvent dévolus sur des titres de naissance ou par des protections, avantages qui manquaient à M. Bouvet. D'autres bénéfices, de nomination épiscopale, étaient donnés par la voie du concours, et les bénéficiers, une fois saisis et institués, étaient inamovibles. Si l'on ajoute, d'un côté, qu'un certain nombre de Collégiales, d'Abbayes, de Chapitres, de couvents desservaient aussi, par quelques-uns de leurs membres, des postes assez nombreux qui relevaient d'eux ; d'un autre côté, qu'une longue paix, jointe aux divers privilèges dont le clergé jouissait alors, en vertu du droit canonique, avait favorisé et multiplié les vocations ecclésiastiques, on comprendra qu'il y eût, en 1779, un véritable encombrement dans les rangs du clergé. Aussi n'était-il pas très-rare que des docteurs, arrivant d'Avignon, de Louvain, de Turin ou d'ailleurs, dussent quelque temps demeurer inoccupés.

Le docteur Bouvet paraît avoir eu cet inconvénient à subir ; du moins il ne nous conste pas que, pendant les deux ans qui suivirent sa promotion au sacerdoce, il ait occupé, comme titulaire, aucun poste dans le diocèse. Nous le voyons, vers cette époque, remplir la fonction précaire de gardiateur de la paroisse de Reyvroz. Il a signé, en cette qualité, quelques actes aux registres ; mais ce rôle, purement conservatoire, ne lui laissait aucune initiative qui pût occuper le zèle ou révéler les aptitudes de l'abbé Bouvet.

Cependant, le séjour de quelques mois qu'il fit à Reyvroz lui fut très-utile à lui-même douze ans plus tard : il s'était fait estimer et aimer de ces braves paysans, et, en même temps, par une disposition providentielle, il étudiait d'avance, sans s'en douter, le terrain sur lequel il devait plus tard déployer son zèle d'apôtre et abriter ses retraites de proscrit.

Enfin, le 6 février 1781, l'abbé Bouvet, sur la demande du Conseil de ville de Rumilly, fut nommé professeur de théologie dans le collège de cette ville ; puis, bientôt après, à cette première charge vint s'ajouter celles de directeur spirituel et de préfet des études. Il suffit à tout : comme professeur, il avait une méthode aussi lucide que solide d'enseignement. Quoique cette science sacrée lui fût familière, il préparait et écrivait ses leçons ; il mettait à ce travail un soin scrupuleux, dont on peut encore s'édifier aujourd'hui. Le grand séminaire d'Annecy possède, dans sa riche bibliothèque, cinq volumes in-4°, manuscrits autographes de M. Bouvet ; ce sont les Traités de *la Religion*, des *Vertus théologales*, de *l'Incarnation*, de *la Pénitence*, de *l'Extrême-Onction*, de *l'Ordre*, du *Mariage*, de *la Grâce*. Les autres Traités sont échus à son neveu, feu M. l'abbé Rosset. Le professeur suit partout la méthode scolastique ; l'exposition et la preuve des grandes thèses y sont conduites avec une vigoureuse logique, qui ne nuit pas à la bonne latinité. Du reste, il n'y a que les gens du métier qui puissent utiliser ce manuscrit, parce que l'auteur a adopté pour l'écrire un système d'abréviation dont la pratique seule donne la clef. Après avoir fragmenté nous-même ce volumineux autographe, nous reconnaissons, avec M. Vuarin, que M. Bouvet « n'était pas, comme l'on dit familièrement, un *gâte-besogne*. »

En même temps qu'il s'appliquait avec un soin si intelligent et si consciencieux à l'enseignement théologique, il veillait à faire fleurir toutes les études et à maintenir la piété et la discipline, héréditaires dans ce collège. Cet établissement de Rumilly a soutenu sa réputation et n'a cessé de préparer aux diverses carrières de la vie un bon nombre d'hommes très-méritants.

Pendant que tout prospérait au collège de Rumilly par les soins de M. Bouvet, la société civile et la république chrétienne étaient violemment battues en brèche par un instinct forcené d'innovation et d'émancipation. Aux États-Généraux de 1789, on venait d'ériger en principes et en droits certaines aspirations généreuses, mais tournant facilement à la subversion et à l'utopie. Pendant soixante ans, le philosophisme avait prôné et revendiqué la liberté illimitée de penser et d'écrire. Comme terme pratique de ces libertés exagérées, on s'apprêtait à prendre la liberté d'agir et l'on touchait au temps, prophétisé par Voltaire, où *le Christ aura beau jeu.* — Le mal social était invétéré ; Louis XIV avait ruiné la France, la Régence et Louis XV l'avaient scandalisée ; les écrivains encyclopédistes l'avaient pervertie. Louis XVI, malgré ses vertus et ses mesures libérales, était incapable de remédier au mal.

En Savoie, les populations étaient demeurées pacifiques et religieuses. Cependant, il existait des institutions et des usages qui, bons et justes à l'origine, avaient subi certaines déviations ou produit quelques abus, dont le résultat avait été d'en compromettre le prestige séculaire. Les dîmes, les terriers, les grosses, les privilèges étaient tombés dans une véritable impopularité ; on ne les supportait plus qu'avec une impatience hostile. Malgré tout ce que le clergé présentait de vertus et de mérites dans la généralité de ses membres, il en était quelques-uns qui faisaient ombre au tableau ; d'ailleurs une longue paix et les soins matériels de la vie sont peu favorables à l'esprit ecclésiastique ; quelques Maisons religieuses avaient subi des relâchements de discipline ; la noblesse, trop déshabituée de la guerre, énervée par le désœuvrement et le philosophisme, n'avait pas partout soutenu ses traditions de vertu et d'honneur. Au milieu de cet état de choses, le pauvre peuple, accablé de charges, aspirait naturellement à un soulagement.

Il est vrai que Charles-Emmanuel III, devançant la France de plus de dix ans dans la voie des réformes, avait, par ses édits, de 1762, 1763 et 1771, pris des mesures et fourni des facilités pour l'affranchissement général et pour l'extinction des redevances féodales ; mais on ne se libérait que par des emprunts faits à la Caisse des affranchissements ; d'ailleurs les autres charges subsistaient encore. Pour s'en faire une idée par un exemple, dont nous avons nous-même vérifié l'exactitude et qui est un *spécimen* de ce qu'on voyait se reproduire partout, prenons la petite commune de Reyvroz, sur Thonon. Ses quatre cents habitants étaient tous *hommes-liges, taillables à miséricorde* des seigneurs de Coudrée, d'Antioche, de Ruphy, etc. Ces pauvres gens ne s'en affranchirent qu'en empruntant une somme de 12,250 livres de Piémont, somme énorme pour l'époque et pour de tels débiteurs. Outre les prestations féodales, ils avaient encore à payer, à la cote onzième, la dîme de toutes les récoltes, sauf le *chenevis* et les *lentilles*, à l'abbaye d'Aulps, à la sainte Maison de Thonon, aux Seigneurs de Genève et au curé du lieu. Dans cet état de détresse, ces pauvres gens de glèbe défrichèrent trois cent cinquante journaux de landes communales ; mais aussitôt ces terres, sous le nom de *novales*, furent soumises à la dîme. Ces dîmes étaient, avec la jouissance de quelques immeubles, toute la ressource du clergé paroissial. Quoiqu'il fût lui-même souvent à l'étroit, il rejaillissait sur lui, de cet état de choses et de ce mélange d'intérêts, une sorte de défaveur hostile, que les ennemis de la religion eurent soin d'exploiter pour le déconsidérer et le perdre.

Les villes surtout fourmillaient de jeunes gens, artistes, littérateurs, qui ne rêvaient que réformes et nouveautés ; les artisans, les ouvriers des centres populeux, bien qu'ils n'encombrassent pas, comme de nos jours et en plein midi, les loges maçonniques, ne laissaient pas de prêter une oreille trop complaisante aux sirènes de la liberté ; parmi les bourgeois et les nobles, tous n'étaient pas aussi naïfs que M. de Maistre qui, dans un moment d'exaltation juvénile, avait cru pouvoir être à la fois *pénitent blanc* et *carbonaro*. On ne tarda pas à voir que la génération lettrée, gangrenée par le philosophisme irréligieux et anti-social du XVIIIe siècle, préparait la ruine des trônes et des autels. — Déjà, dans quelques localités, des troubles avaient éclaté, et la répression, inopportune et impuissante, n'avait fait qu'irriter les mécontents et les conspirateurs. Toutes ces causes réunies, comme des amas de matières inflammables, n'attendaient plus que l'étincelle pour produire une affreuse conflagration. La déchéance de Louis XVI et la proclamation de la République en furent le signal. Le jour même que ces évènements s'accomplissaient à Paris, le 22 septembre 1792, la Savoie était envahie, au nom de la liberté, par le général Montesquiou ; mais la Convention nationale décida que ce pays demeurerait maître de ses destinées politiques.

CHAPITRE II

M. Bouvet, député du Biot à l'assemblée des Allobroges. —
Son vote. — Raisons de ce vote. — Serment à prêter. —
La persécution commence. — Parti que prend M. Bouvet.
— Inauguration de la Terreur. — Martyrs. — M. Bouvet
devient l'Oncle-Jacques. — Ressources et dangers. — Rouet.
— Quille. — Hotte. — Le terroriste Blanche. — Le Pien.
— Confiance et gaité. — M. Vuarin au Lyaud.

Le 6 octobre 1792, les quatre commissaires
que la Convention avait envoyés en Savoie publièrent une proclamation, portant convocation
d'une Constituante, pour fixer le sort politique
de la Savoie. Chaque commune devait expri-
mer son vœu et commettre un député chargé
de le porter à l'assemblée générale, qui était
convoquée à Chambéry pour le 21. — Tout ceci
n'était guère que pour la forme, car, de fait, la
Savoie était déjà française.

M. Bouvet était pour lors en vacances au
Biot, et malgré le zèle que les émissaires des
Jacobins de Chambéry déployaient dans toutes
les communes pour provoquer un vote d'annexion à la France, celle du Biot, éclairée par

le professeur, M. Bouvet, en qui elle avait pleine confiance, résista à l'entraînement général et lui confia le mandat d'aller la représenter à Chambéry. Elle ne pouvait se donner un député dont le patriotisme et la probité politique fussent plus incontestables.

L'abbé Bouvet comprenait l'importance et la difficulté de son mandat ; il ne se méprenait pas sur les aspirations turbulentes des novateurs politiques, surtout de la jeunesse lettrée des villes, mais il n'était pas homme à faillir à sa foi patriotique. Pendant que, sur soixante-une communes représentées du Chablais, soixante furent pour l'incorporation à la France, une seule voix osa se déclarer contre cette annexion : ce fut celle de M. Bouvet. A l'article *Députés des communes de la Savoie*, M. Dessaix, dans son *Histoire de la réunion de la Savoie à la France*, écrit ceci :

Bouvet Jacques, prêtre, le Biot, Chablais, république indépendante.

Pour se rendre compte de ce vote, il faut savoir qu'à l'entrée des Français en Savoie, ce pays avait été abandonné sans défense ; Montesquiou s'empara de Chambéry sans coup férir ; le peu de troupes que le roi Victor-Amédée III avait en Savoie s'étaient repliées sur la Maurienne sans brûler une amorce. Dans cet état de choses, il eût été impossible et presque absurde de voter pour le retour de la Savoie au roi de Sardaigne. En votant pour une *république indépendante*, ce courageux mandataire prenait la position la plus libérale ; il réservait

à son pays son autonomie et son indépendance
politique et lui ménageait, pour des temps
meilleurs, la possibilité de confier encore ses
destinées à la dynastie de Savoie, qui n'avait
été évincée que par la force et à qui la masse
de la population de la Savoie conservait ses
affections politiques. Quant au vote pour l'incorporation de la Savoie à la France, un véritable ami de son pays ne pouvait le donner, au
lendemain de l'incarcération de Louis XVI et
des massacres de Septembre. — Le vote de
M. Bouvet à l'assemblée des Allobroges fut
donc sage et habile.

Là se bornait son mandat. Quand il vit que
les Allobroges, au lieu de se séparer, suivaient
les traces de la Constituante française de 1789 et
surtout quand il vit les tendances révolutionnaires s'y donner libre essor, M. Bouvet s'y
trouva déplacé et se retira ; c'est ce que firent
plusieurs députés honorables, dont les noms ne
figurent plus dans les procès-verbaux des
séances qui suivirent les 21 et 22 octobre 1792.

Du reste, les choses marchaient rapidement.
Le 15 décembre, la Savoie était définitivement
incorporée à la République française, et, le 8
février suivant, les Commissaires, envoyés par
la Convention nationale, publièrent une proclamation qui fut, pour toute la Savoie, le signal
de la persécution : de leur seule autorité, ils
décrètent qu'il n'y aura plus en Savoie qu'un
évêque, lequel serait nommé par les électeurs
du nouveau département du Mont-Blanc ; que
les prêtres, employés au culte, devaient, dans

huit jours, prêter le serment de *maintenir la liberté et l'égalité et de mourir en les défendant.* Le refus du serment entraînait le bannissement, sous peine de déportation à la Guyane.

Cette proclamation était le renversement du culte catholique et son remplacement par un simulacre de religion de fabrique révolutionnaire.

A la réception de cette pièce, ce fut la stupeur et la consternation dans toute la Savoie. M. de Thiollaz, prévôt de la cathédrale d'Annecy, en l'absence de M. Paget, qui s'était déjà émigré, rédigea une déclaration très-ferme, par laquelle il traçait au clergé la direction à suivre pendant la période de persécution qui commençait.

Nous ignorons si M. Bouvet était à Rumilly, dans le moment où il s'agissait, pour le clergé, de prêter le serment prescrit par les commissaires de la Convention. Un prêtre savoyard, le fameux Simond, était un de ces quatre dictateurs ; M. Bouvet l'avait connu au grand séminaire d'Annecy, en 1778 et 1779 ; il avait pu connaître la conduite postérieure de ce déplorable abbé, ainsi que son apostasie. On juge bien de l'horreur que devait inspirer à M. Bouvet un serment inventé par l'impiété et prêté par ce prêtre prévaricateur ; au reste, c'eût été faire acte d'adhésion à la constitution civile du clergé, manipulation humaine et schismatique, que d'obéir à une proclamation qui l'inaugurait en Savoie. M. Bouvet était à la fois trop instruit et trop bon prêtre, pour ne pas refuser le serment exigé, même avant de connaître la déclaration de M. de Thiollaz et la condamnation dont Pie VI ne tarda pas à le frapper.

Ce que l'on sait, c'est que jamais il ne prêta ni ce serment, ni celui qui ne tarda pas à le suivre, et que, au lieu de s'émigrer, il prit résolument le parti de demeurer dans son pays natal et de s'y mettre au service des âmes dont il prévoyait l'abandon.

Mais, comment éviter les pénalités édictées par les proconsuls révolutionnaires ? Il fallait, pour espérer y réussir, qu'il se condamnât à une vie errante, à une existence pleine de privations, de fatigues, d'insomnies et d'alarmes. « Mais, dit M. Vuarin, la Providence, qui, dans « les petites choses, comme dans les grandes, « ménage tout avec sagesse pour l'accomplisse- « ment de ses desseins de miséricorde sur cha- « que individu, comme sur chaque peuple, lui « avait donné un tempérament fort et vigou- « reux, et la tournure d'un bon montagnard. Sa « constitution physique lui servit beaucoup « dans ses excursions de missionnaire, pour « échapper aux mouchards révolutionnaires. Il « avait adopté un costume, des allures et un « nom analogue. Il n'était connu que sous le « nom de l'Oncle-Jacques. Il empruntait et va- « riait les instruments d'une profession qu'il « était capable d'exercer. Ici il portait un pei- « gne de chanvre, là une truelle, ailleurs une « besace. »

Quoique dans son pays natal même il ne fût pas à l'abri des dangers et des pièges, il était plus favorablement placé pour échapper aux poursuites des républicains, et, moyennant quelques travestissements et de fréquents changements de gîte, moyennant des avis sûrs qu'il recevait de quelques pieux fidèles, il y avait humainement parlant, plus de chances qu'ailleurs de pouvoir se dérober à une surprise.

Du reste, outre les avantages prémentionnés, M. Bouvet était doué d'un sang-froid, d'une présence d'esprit rares ; rien ne le surprenait ; il improvisait ses rôles avec un aplomb imperturbable, et quiconque ne l'avait pas vu cent fois, sous sa casaque de *droguet* (1) ou sous les déguisements vulgaires qu'il empruntait, ne se serait jamais douté qu'il eût un prêtre en face de lui.

S'il était accompagné de quelque fidèle et qu'il vînt à rencontrer quelque personne inconnue ou suspecte, il changeait adroitement de conversation ; il parlait patois à haute voix ; tantôt il exaltait le bon vin qu'on buvait dans tel cabaret, tantôt il demandait à son compagnon s'il avait vendu sa vache à la dernière foire. S'il se trouvait avec des femmes en présence d'étrangers suspects, il les querellait, comme s'il était leur mari, ou lâchait quelque plaisanterie, comme s'il était un valet de ferme. S'il portait le saint Viatique au malade, il prenait un air préoccupé, qui le dispensait de saluer sur son passage. C'est à ce silence que

(1) Genre de tissu, moitié laine, moitié fil de chanvre, propre à ce pays.

les fidèles reconnaissaient le ministère qu'il remplissait.

Se rendant un jour auprès d'un moribond, il trouva la maison gardée par huit soldats; il contrefit si bien l'idiot, qu'ils le laissèrent entrer sans la moindre défiance.

Appelé une autre fois auprès d'un malade dont quelques voisins étaient plus que suspects, il suspendit sur son épaule, au moyen d'un long bâton, un rouet neuf; ce meuble, son chapeau large et un accoutrement de circonstance, lui ménagèrent une entrée sans encombre : on le prit pour un fabricant de rouets.

Comment raconter, dans tous ses détails, cette vie apostolique et les dangers qu'elle courut pendant cette terrible période? Assurément, l'habileté de M. Bouvet, si merveilleuse qu'elle fût, ne peut expliquer seule ces inspirations qui le sauvaient; l'ange du Seigneur veillait sur son fidèle ministre.

Un jour que l'Oncle-Jacques se trouvait à Morzine, pour administrer un malade, portant le viatique caché sur sa poitrine, il ne pouvait éviter de passer sur la place où les gendarmes jouaient aux quilles; il arrive comme un désœuvré vers les gendarmes, se donne l'air de s'intéresser au jeu, accepte même, sur leur invitation, de faire une partie. A quelques pas de là, les personnes qui le connaissaient tremblaient pour lui et pour le sacré dépôt dont elles le savaient chargé; l'apôtre ne perdit pas contenance, et, quand il crut qu'on ne faisait

plus attention à lui, il s'en alla, comme en flâ-
nant, administrer son malade.

Une autre fois, étant entré dans une maison
amie, il fut aperçu et dénoncé. Aussitôt un agent
et quelques patriotes vinrent cerner et fouiller
la maison. Il n'était pas possible de s'évader et
il n'y avait pas de temps à perdre. L'Oncle-
Jacques aperçoit dans un coin une grande hotte
vide et se la renverse dessus. Un des visiteurs,
d'ailleurs bien intentionné, s'aperçoit de l'embarras des gens de la maison, s'asseoit sur la
hotte en fumant sa pipe, pendant que ses cama-
rades mettaient la maison sens dessus dessous.
Ne trouvant rien, ils s'en allèrent, en pestant
contre le dénonciateur qui les avait joués.

Dans une autre circonstance, arrivé chez son
père, au hameau d'Urine, l'Oncle-Jacques se
tenait d'abord tout à fait caché dans sa chambre.
Quelques personnes, dignes de confiance, étaient
seules admises à y entendre la messe. Malgré
ces précautions, il fut vendu. Une troupe de
soldats arrivèrent inopinément pendant la nuit
autour de la maison et tirèrent quelques coups
de fusil sur les fidèles qui attendaient près de
là pour se confesser ; ils visitèrent la maison ;
puis, croyant tenir l'Oncle-Jacques, ils tombè-
rent assez brutalement sur un des frères Bouvet. Celui-ci se laissa faire et fut conduit au
chef-lieu, où il ne lui fut pas difficile de se faire
connaître et libérer. Quand les soldats retournèrent chez le père Bouvet, l'Oncle-Jacques
avait disparu. En partant, furieux, ils s'emparè-
rent d'une chèvre et d'autres objets.

A quelque intervalle de temps, rentrant un jour chez son père qui ne l'attendait pas, il trouva avec lui, vers le feu, deux gendarmes qui venaient le chercher. Sans se déconcerter, et comme s'il eût été un maquignon, il s'adressa à son père en patois : « Et ces cochons, te décides-tu à les vendre ? — Tout de même. — Combien en demandes-tu ? — Ils sont à l'écurie ; va les voir et puis on s'en reparlera. » Le maquignon ne rentra pas.

On était encore en 93 ; un régime affreux régnait sur toute l'étendue de la république et le district de Thonon était pourvu de quelques patriotes déterminés. Déjà, le 18 août, des citoyens trop complaisants, commissaires de ce district, avaient ordonné de descendre les cloches.

La tentative des Piémontais dans le midi de la Savoie ayant échoué vers cette époque, les représentants du peuple français près l'armée des Alpes rendent un arrêt par lequel, « attendu « que les prêtres fanatiques avaient distribué « des armes pour s'en servir contre la Répu- « blique... et qu'il est dangereux d'en laisser « entre les mains d'individus fanatisés et éga- « rés, ordonnent le désarmement dans les vingt- « quatre heures, sous peine d'être traités com- « me traîtres et rebelles à la Patrie. »

Quoique ce projet de soulèvement eût de profondes ramifications jusque dans les vallées d'Aulps, d'Abondance et dans d'autres communes rurales plus voisines des villes, M. Bouvet, qui voyait trop bien l'impossibilité d'un succès durable contre les forces républicaines et qui craignait les vengeances de la nation sur ces braves campagnards, avait été bien éloigné de leur conseiller la révolte. Le repentir ne se fit pas attendre, surtout quand on vit d'écrasantes amendes venir frapper ces malheureuses communes (1). Mais du moins la confiance dont M. Bouvet jouissait au milieu de ces populations, au lieu de subir aucune altération, prit dès lors un immense développement ; on venait de voir la justesse de ses prévisions et on avait sous les yeux les preuves patentes de l'héroïque intérêt qu'il portait aux âmes.

C'est de cette époque que la Terreur fut organisée en système ; voici le document qui paraît l'avoir inaugurée et que toutes les municipalités reçurent :

« 18 de l'an II de la République française (10 oct. 1793).

« La République ou la Mort.

« Guerre aux fanatiques, aux égoïstes, aux
« accapareurs, aux prêtres réfractaires, aux
« agioteurs, aux modérantistes, aux royalistes,
« en un mot à tous les contre-révolutionnaires !
« La hache de la loi est levée sur leurs têtes ;
« la guillotine, ce fléau salutaire des aristocra-
« tes et des ennemis de la liberté, va délivrer

---

(1) Reyvroz fut taxé à 700 livres, que Blanche porta à Sallanches au citoyen Gaillard.

« la société des monstres qui l'infectent. Trem-
« blez, infâmes !... les sans-culottes vous obser-
« vent, la loi vous condamne, la guillotine vous
« attend.

« Citoyens, la vigilance la plus active vous
« est recommandée ; la plus légère condescen-
« dance, la moindre insouciance serait pour
« vous un crime. Les guerres intestines souillent
« le sol de la liberté ; éteignons-les dans le sang
« impur des ennemis de la chose publique ;
« qu'ils soient livrés à la vengeance des hom-
« mes libres ; que leur exemple terrible ap-
« prenne à tous les citoyens que la mort frap-
« pera incessamment tous ceux qui ne veulent
« pas la république..., provoquons sur leur tête
« le couteau national ; leur sang criminel cimen-
« tera la liberté, affermira l'égalité, consolidera
« la république et épargnera celui des patrio-
« tes..., etc. »

Cette pièce, que nous abrégeons, méritait de
se clore, comme elle fait, par l'appel aux mesures les plus rigoureuses ; elle proclame la for-
mation d'un bataillon révolutionnaire, ainsi que
le concours ouvert dans un registre pour la
fonction de *bourreau !*

Le 12 frimaire (3 décembre 1793), l'administration du district de Thonon, « Considérant
« que le luxe qui règne dans les vases et autres
« objets dédiés au culte, en maintenant la
« superstition et le fanatisme, a retardé le déve-
« loppement de la raison ; que c'est insulter à
« la Divinité que de lui consacrer des objets de
« faste, tandis que Dieu ne demande que la

« simplicité de nos cœurs..., arrête que tous les
« calices, patènes, ostensoirs, statues..., et tou-
« tes les vaisselles, meubles d'or et d'argent,
« existant dans les églises de l'arrondissement,
« seront apportés dans le chef-lieu de district
« dans la huitaine. »

On reconnaît dans ce document une plume saturée des idées du déiste Rousseau. La Terreur empirait toujours ; tout culte, excepté celui de la Raison, était proscrit ; les églises étaient démolies ou vendues et livrées aux usages profanes. Tous les monuments de la *superstition*, autels, croix, cloches et autres objets du culte disparaissaient. Les signes de la féodalité, armoiries, titres nobiliaires, tourelles, terriers, étaient supprimés et détruits, comme de *honteux monuments de servitude*.

En retour, on subissait une misère affreuse et l'argent se cachait. C'était le règne des assignats, du maximum, de la loi des suspects ; on avait la grande réquisition militaire de dix-huit à vingt-cinq ans, le tribunal révolutionnaire, la guillotine en permanence.

Pour faire fonctionner ce système terroriste, la Convention venait d'envoyer à la Savoie le fameux Albite, plus terrible que tous les commissaires qui l'avaient précédé. Les quelques prêtres insermentés, qui n'avaient pas émigré ou qui étaient rentrés sur le sol de la République, étaient traqués comme des bêtes fauves. Déjà l'abbé Vernaz, de Chevenoz, et l'abbé Morand, du Biot, avaient été, à défaut de guillotine, fusillés à Thonon, le premier, le 22 février, et le second, le 14 mai de l'année 1794. Un horrible serment d'apostasie fut prescrit, par la seule autorité d'Albite, à tous les prêtres résidants, quels qu'ils fussent, insermentés, schismatiques, constitutionnels ou intrus. Le malheureux Panisset, évêque intrus du Mont-Blanc, venait encore de mettre le comble à sa prévarication par la prestation de ce serment. Quelques prêtres, déjà infidèles, l'imitèrent indignement, en livrant leurs lettres de prêtrise.

Pendant que la persécution sévissait d'une manière si atroce, qu'était devenu M. Bouvet ?

Certes, ce n'était pas à l'Oncle-Jacques qu'il fallait proposer le serment d'Albite. Confiant en Dieu, il continuait son existence nomade, sans s'inquiéter d'Albite ni de Robespierre. Toujours prêt à voler au signal du moindre besoin, même au plus fort de la terreur, il était constamment occupé à exercer son saint ministère dans les montagnes, dans la plaine et quelquefois même jusqu'à Thonon ; il voyageait jour et nuit et il se multipliait. Il accourait partout où son ministère était demandé. Il a eu le courage d'aller administrer les femmes ou les mères des plus méchants révolutionnaires du Biot, dans les temps les plus orageux. Les traits de ce genre sont trop nombreux pour être racontés ici.

Il disait la messe les jours de dimanche et de fête, d'abord à minuit au Biot, ensuite à La Vernaz où à La Forclaz, et enfin à Reyvroz, toujours dans des maisons privées ou dans des granges.

Dans les maisons où il y avait un mort, il allait faire les prières prescrites par le Rituel pour la sépulture ; souvent même il y disait une basse messe pour le défunt.

La commune de Reyvroz, quoique éloignée de trois lieues du Biot, était fréquemment favorisée des visites de l'Oncle-Jacques ; il y avait des personnes affidées qui savaient où le trouver en cas de besoin.

Un octogénaire de cette paroisse nous racontait naguère que l'Oncle-Jacques venait quelquefois de nuit frapper, contre la paroi de la maison, un nombre déterminé de coups. C'était le signal ; d'autres fois, il se servait d'un petit sifflet, qu'il appelait *sifflet de voleur*. On se levait à la hâte ; on préparait tout pour la messe ; on allait mystérieusement avertir les voisins ; on plaçait quelques sentinelles pour conjurer tout danger de surprise. Le prêtre ne perdait pas un instant ; il célébrait dans ces nouvelles catacombes ; puis, s'il ne survenait point d'alerte, il confessait, catéchisait, fortifiait ces bons fidèles dans l'attachement à leur religion persécutée ; il acceptait quelques vivres pour se restaurer, et, si la nuit était encore longue, il partageait le lit d'un vieux et brave garçon de la maison. Le matin venu, il laissait à ces bonnes gens ses adieux jusqu'au revoir, avec le mot de la consigne, et allait chercher ailleurs une nouvelle matière à son zèle. Telle était la vie apostolique que menait l'Oncle-Jacques, pendant cette triste époque.

Pour se donner plus de moyens d'évasion et courir moins de dangers, l'Oncle-Jacques, aidé d'un autre prêtre et de quelques fidèles, se construisit un pont sur la Dranse, entre Reyvroz et Féterne, en aval de celui de Bioge, qui était souvent gardé. Ce pont, dont la nature a fait les principaux frais, s'appelle le Pien. D'énormes blocs de pierre, détachés des rochers de Féterne qui surplombent, ou amenés par des inondations, encombrent en cet endroit le lit de la Dranse. L'Oncle-Jacques fit tailler avec la pique des pas dans ces roches abruptes. Celui qui a le pied et la tête solides peut encore escalader ce pont dangereux et franchir la rivière. Dans des moments d'alerte, le missionnaire ou les réquisitionnaires réfractaires, en se glissant par les couloirs et les anfractuosités de Bramaçay, venaient utiliser ce passage et allaient chercher un abri dans quelque grotte escarpée de Féterne. La date de cet utile travail, avec les noms de ceux qui y ont concouru, est consignée dans les registres de Reyvroz, où nous l'avons vue.

Outre les dangers de chaque jour, qui pourrait dire les privations et les fatigues éprouvées par l'homme de Dieu ! Que de nuits sans sommeil ! que de jours passés sans manger autre chose que quelques baies sauvages ou quelque vieille croûte de pain noir, séchée dans la poche de sa *casaque !* A certains moments, il évitait les maisons habitées, non par aucune

crainte pour son compte, mais pour ne pas
compromettre ses sauveurs ; il se retirait alors
plus volontiers dans des granges isolées, dans
des chalets déserts, dans des ravins ou des
forêts.

Quoique les populations du Biot, de La Vernaz
et de Reyvroz lui fussent profondément dé-
vouées et fidèles, chaque commune avait cependant quelque patriote ardent. Reyvroz n'avait
qu'un sans-culotte, le nommé Blanche Joseph,
agent national ; il était l'effroi de sa commune
et des alentours ; sur sa première demande,
l'administration du district lui envoyait un
détachement de soldats ; il fit incarcérer le
maire et la municipalité de Reyvroz ; il avait
présidé à la démolition du clocher et organisé
une farandole autour d'un bûcher formé des
autels et des confessionnaux de son église, en
proférant, dans son langage mielleux, les plus
terribles menaces contre les calottins réfractaires. Il épiait surtout l'Oncle-Jacques, qui passait assez souvent dans son voisinage. Quand
Blanche venait à l'apprendre après coup, il
maudissait la bonne occasion manquée et jurait
que le calottin fanatique ne lui échapperait pas
toujours. Toujours cependant, l'Oncle-Jacques
lui échappa ; mais Blanche n'échappa pas toujours à la justice divine ni à la vengeance de
ses ennemis privés.

Un jour, que ce terroriste se livrait dans une
auberge du Biot à mille fanfaronnades mena-
çantes, un groupe de buveurs l'observaient et
se parlaient bas. Un des buveurs se détache de

sa société, s'arme d'une barre de fer, s'embusque dans un passage obscur de l'auberge par où Blanche devait s'en aller, lui brise la nuque et s'évade inaperçu. D'autres buveurs sortent après Blanche, le trouvent gisant à terre et respirant encore ; ils allèrent à la sourdine le jeter sous le pont du Biot. En vain le chien de ce malheureux jetait auprès de son maître des aboiements de détresse : c'était la nuit tumultueuse d'une foire ; bien des gens passèrent sans y prendre garde. Enfin, le fidèle animal redoublant ses appels, on descendit sous le pont, où l'on ne trouva plus qu'un cadavre. Le meurtre de Blanche fut un crime ; mais le résultat fut salutaire ; personne ne l'approuva, mais les honnêtes gens en bénéficièrent.

Quant à M. Bouvet, il plaignit cette pauvre âme, pria pour elle et n'eut jamais le moindre fiel contre sa mémoire, comme il n'avait jamais eu la moindre haine contre sa personne.

Qui croirait que, avec une existence aussi accidentée, l'Oncle-Jacques pût écrire et tenir des registres ? Eh bien ! c'est ce qu'il pratiqua avec une fidélité merveilleuse, non sur de volumineux recueils, mais dans de petits cahiers très-nettement tenus, avec une main aussi calme et aussi sûre que s'il eût écrit dans la paix la plus profonde. Nous n'avons vu que l'état, par lui dressé, des naissances, mariages et premières communions à l'usage de Reyvroz ; il en avait fait autant pour d'autres paroisses qu'il avait desservies. Il est impossible de ne pas éprouver un sentiment d'admiration, quand on voit cet homme de Dieu écrire avec une pareille assurance, à quelques pas seulement de la mort, ces actes dans lesquels il enregistrait les éléments d'une nouvelle société chrétienne à reconstituer, après l'effroyable tourmente qui venait de tout engloutir. L'Oncle-Jacques ne se doutait pas qu'en se livrant, à deux doigts de la mort, à ces choses, si simples en apparence, il pratiquait la plus sage prévoyance et une sorte d'héroïsme. Sa confiance en Dieu et son sang-froid l'avaient familiarisé avec les dangers de son apostolat. Aussi, sans jamais commettre d'imprudences inutiles, jamais il n'a reculé devant les imprudences exigées par son ministère, au risque de tomber dans un piège, comme cela était arrivé à l'abbé Vernaz, fusillé à Thonon. S'il avait quelque guide ou compagnon, c'était l'Oncle-Jacques qui le rassurait et l'égayait ; s'il n'en avait pas, il recourait à la prière et à ses innocents stratagèmes.

Au reste, l'affection et le dévouement de ces bons montagnards et paysans lui servaient de rempart, et, parmi eux, un grand nombre n'auraient pas hésité à exposer, à sacrifier leur vie pour sauver la sienne. « J'en ai été moi-« même témoin en 1794, écrit M. Vuarin ; « j'étais à cheval et en costume de l'époque, « qui servait, en quelque sorte, de passeport. « Mon apparition donna l'éveil à tous les gens « du hameau (du Lyaud). Ils accoururent, en « assez grand nombre, chacun avec une pierre « dans sa poche et formèrent cercle autour de « moi. Heureusement que l'Oncle-Jacques

« m'aperçut à travers les vitres de la fenêtre
« et me reconnut à ma voix. *Soyez tranquilles,*
« leur cria-t-il en patois, *c'est un des nôtres.*
« — Il riait chaque fois qu'il y pensait, et il m'a
« souvent répété : *Sans moi, mon ami, tu*
« *étais flambé.* Avec son sifflet, il aurait réuni,
« en peu de temps, tous les habitants des
« vallées et des montagnes, et il en aurait
« disposé à son gré, tant était grandes la véné-
« ration et l'affection qu'on lui portait ! »

CHAPITRE III

Chute de Robespierre. — Ses suites. — L'Oncle-Jacques, devenu chef des missions du bas Chablais, étend son cercle d'action. — Registres d'Armoy. — Ses maisons de refuge à Armoy-Lyaud. — Catéchisme aux enfants. — Association du Saint-Zèle. — Ses maisons à Thonon. — Autres traits de présence d'esprit, ou plutôt de protection divine. — L'Oncle-Jacques sur la claie, — dans des fagots, — à la tisane, — contrefaisant la servante, l'ivrogne, le meunier, le bûcheron. — Mauvaises rencontres. — Il échappe à tout.

Cependant, il venait de se passer un grand évènement à Paris : le 10 thermidor (9 juillet 1794), Robespierre était monté sur l'échafaud, où sa froide cruauté avait fait couler des flots de sang souvent innocent. La mort de ce féroce dictateur laissa un instant respirer la nation. Il se produisit un retour très-déclaré vers les idées modérées. Albite fut rappelé à Paris, laissant dans le département du Mont-Blanc une mémoire exécrée ; il eut pour successeur le citoyen Gauthier.

Quoique la Convention nationale eût un peu mitigé son régime politique, et que, après la réaction thermidorienne, bien des iniquités fussent réparées, « Cependant, dit S. E. Mgr « Billiet dans ses précieux *Mémoires*, cet

« adoucissement a été presque insensible sous
« le rapport religieux. Les lois n'ont pas été
« modifiées ; la persécution contre les prêtres
« n'a pas été mitigée ; la reconnaissance de
« l'Être suprême, que Robespierre avait fait
« inscrire sur les monuments publics, a même
« été effacée. Pas une église en Savoie n'a été
« rouverte, pas un prêtre émigré n'a obtenu
« la liberté de rentrer. Tous les missionnaires
« qui étaient pris étaient aussitôt condamnés
« à la déportation. La Convention nationale a
« continué de professer l'athéisme et de tra-
« vailler à faire disparaître toute trace de culte
« religieux. »

Cependant, dès cette époque, l'Oncle-Jacques
crut pouvoir étendre son rayon d'action. D'ailleurs, cette année même (1794), M. le chanoine
Dubouloz, rentré furtivement en Savoie après
sa courte émigration à Turin, avait été investi
des pouvoirs de grand-vicaire, et M. Bouvet ne
tarda pas à devenir le chef des missionnaires
du Bas-Chablais ; car, dès la chute de Robespierre, on vit rentrer successivement un certain
nombre de prêtres. Ces pieux auxiliaires, dissé-
minés à d'assez grandes distances, réjouissaient
l'âme sacerdotale de M. Bouvet ; mais ils ne
pouvaient encore que faiblement seconder son
zèle. L'apôtre ambulant et presque ubiquiste
était toujours l'Oncle-Jacques ; c'est lui qu'on
recherchait, qu'on réclamait. Il était connu
bien au loin par les précieux services de son
ministère, par son courage héroïque, que la
Terreur n'avait jamais intimidé, par la manière

merveilleuse et providentielle dont il avait jusqu'alors échappé aux poursuites des ennemis de la religion ; son nom était dans toutes les bouches ; les fidèles le bénissaient hautement de n'avoir jamais déserté le poste du danger et d'avoir pu dire, comme Simon Macchabée : Je suis resté seul de tous mes frères.

Voici une note qu'il a écrite et signée lui-même sur les registres des mariages et des décès de la commune d'Armoy, telle que M. Rollier l'a transcrite. Peut-être la trouvera-t-on surchargée de noms propres, dont la connaissance ne présente pas un intérêt bien général ; mais, en les inscrivant sur ce registre, M. Bouvet a voulu consigner sa reconnaissance envers ceux qui lui donnèrent une hospitalité souvent bien périlleuse et livrer leurs noms à la mémoire et aux hommages de la postérité. L'Évangile n'a-t-il pas recueilli, dans ses pages sacrées, les noms des hôtes de Béthanie et des saintes femmes ? Voilà pourquoi nous reproduisons textuellement cette note :

« J'ai commencé à descendre et à paraître
« *fréquemment* dans la paroisse d'Armoy dans
« le courant de novembre 1794. On m'a reçu
« avec joie, et, en général, tous les habitants se
« sont empressés de profiter des secours que
« la Providence leur ménageait par mon mi-
« nistère.

« La première maison où je suis entré et où
« j'ai commencé à travailler est celle de Fran-
« çois Planchamp, dit *A la Veuve*, dans le
« village d'Armoy.

« Ensuite, je suis allé et me suis retiré habi-
« tuellement dans la maison de Joseph Vulliez,
« aussi d'Armoy. Jusqu'à la réconciliation de
« l'église, j'ai dit la messe audit Armoy, dans
« une grange appartenant à l'avocat Joseph
« Dubouloz, de Thonon, et quelquefois, *par*
« *après*, dans une salle de la cure.

« Au Lyaud, j'ai été reçu et me suis retiré
« chez Joseph Fillion, dit l'*Épenix*, et chez la
« Dodon Randon, occupant la maison de Ré-
« vérend Randon, prêtre.

« La messe a été célébrée dans la grange du
« procureur Carron, de Thonon, située proche
« la chapelle du Lyaud ; plus chez Jacques
« Fillion, dit *Maria* ; chez Michel Bouchex, et,
« une fois, dans la grange dudit R^d Randon.

« A Trossy (hameau du Lyaud), la messe a
« été célébrée en 1795, le jour de la Saint-
« Symphorien, dans la grange de François Bel.

« En foi de quoi, j'ai signé à Armoy, le 22
« août 1797.

« BOUVET, prêtre. »

Outre les maisons sus-indiquées, M. Bouvet
avait au Lyaud une maison où il couchait ;
c'était celle de François Dubouloz-Monnet, et,
s'il ne l'a pas nommée dans sa note précédente,
c'est parce que, en 1797, le danger était loin
d'être passé, et que, si le registre qui la conte-
nait fût tombé en des mains ennemies, il en
serait résulté les plus déplorables suites. Durant
les jours qu'il passait au Lyaud, il occupait une
chambrette chez l'*Epenix ;* il en avait fait un

sanctuaire et un cabinet de travail ; il y disait la messe, y confessait, y communiait et y distribuait aux fidèles de petits livres pieux, les *Etrennes religieuses*, par exemple, qu'il recevait du grand-vicaire Bigex, par l'entremise de M. Vuarin ou par d'autres voies. Quels noms et quels souvenirs ! Il y avait dans cette chambre une trappe imperceptible et au dessous un trou dans la terre, où il se glissait dans les moments critiques. L'*Epenix* vint à mourir, assisté, comme il le méritait, des consolations religieuses, laissant un grand et sage garçon qui fit aussi, plus tard, ses preuves de dévouement à l'Oncle-Jacques. Celui-ci fut une providence pour la veuve et l'orphelin. Les détails qu'on en donnerait rappelleraient ce que la Sainte-Écriture nous raconte du prophète Élie chez la veuve de Sarepta.

Dès 1794, sa résidence la plus habituelle était donc Armoy-Lyaud ; c'était un quartier-général assez bien choisi, soit parce que ce point est à peu près central dans le Chablais, dont l'Oncle-Jacques fut dès lors le missionnaire-chef, soit parce que, de là, en cas d'alerte, il était facile de se sauver par les ravins de la Dranse ou en gagnant la montagne d'Hermone. Du reste, tous les habitants de ces hameaux étaient des gens sûrs, et, comme la plupart de leurs maisons sont contiguës, on avait ménagé des communications de l'une à l'autre dans les combles ; et, pendant que les sbires cernaient et fouillaient une maison, où ils soupçonnaient l'Oncle-Jacques, celui-ci enfilait une suite de galetas et s'éclipsait.

Dans les temps de *bonace révolutionnaire*, comme parle M. Vuarin, c'est-à-dire lorsque la persécution se calmait un peu, c'est au Lyaud qu'il faisait le catéchisme aux enfants de Thonon et des villages des alentours, qui s'y rendaient quelquefois en foule ; il les instruisait dans une grange et les y admettait à la premièrc communion. « C'est là, dit M. Rollier, qui nous a fourni la plupart de ces détails, c'est là que mon père a fait sa première communion. »

Les enfants qui le pouvaient lui portaient chacun un œuf, quand ils allaient se confesser, aux Quatre-Temps ; ils les déposaient dans une corbeille, placée près du confesseur. Quel touchant tableau ! quelle poétique réminiscence des mœurs de la primitive Église ! Pauvres enfants ! il leur apprenait les choses du ciel ; ce n'était pas trop qu'ils fournissent un peu à l'entretien de cette vie héroïque de la terre.

Quelquefois les gendarmes, en allant à sa recherche, rencontraient ces enfants revenant du catéchisme. A leur vue, ceux-ci se dispersaient dans les bois, ou bien, s'ils étaient surpris ou atteints, ils leur indiquaient une fausse direction. Jamais les patriotes n'ont pu arracher à ces enfants le secret de la retraite de leur bien-aimé catéchiste.

C'est vers cette époque que remonte l'association du *Saint-Zèle*, œuvre inspirée à l'Oncle-Jacques par sa sollicitude pour la conservation de la foi. Son but était de former un noyau de chrétiens généreux, disposés à tout faire, à tout souffrir pour la *cause de Dieu.* On y admettait des jeunes gens, des hommes faits, des femmes, des mères, des filles de toute condition, de la campagne comme de la ville, pourvu que les membres fussent déterminés à se montrer généreusement chrétiens. Le nom même de cette institution en désigne bien clairement le but.

Il la convoquait chaque mois dans une vieille maison, nommé château des Drebines, près de Tully, sur les bords de la Dranse, ou dans le château d'Antioche, à Concise, quelquefois aussi dans une pièce de la cure d'Armoy. Au commencement de la réunion, on prenait les engagements suivants : En faisant le signe de la croix sur le front, on disait : « Mon divin Sauveur, je vous serai fidèle jusqu'à la mort. » En faisant ce signe sur la bouche, on disait : « Je vous confesserai toujours ; » puis enfin, portant la main sur le cœur, on disait : « Je veux vivre et mourir dans votre divin amour.» Un membre était chargé de visiter tous les trois mois les personnes agrégées. Afin d'être plus facilement reconnu des personnes associées, ce membre portait un costume particulier : chapeau rond, couvert d'une toile cirée, habit bourgeois, culotte, guêtres de peau et un fouet de maquignon en bandoulière.

Ne croirait-on pas relire les règlements disciplinaires en vigueur au temps des premières persécutions de l'Eglise, et voir fonctionner la sainte police des catacombes ?

M. Rey, depuis évêque d'Annecy, confesseur

de la foi pendant la Révolution et rentré en Savoie en 1795, établit aussi à Bellevaux la *Société du Zèle*. C'est évidemment la même institution que celle du *Saint-Zèle*, instituée par l'Oncle-Jacques et dont nous venons de parler. D'ailleurs, l'auteur de la *Vie* si attachante de Mgr Rey nous parle des réunions qui avaient lieu entre les missionnaires dispersés dans les vallées du Haut-Chablais, auxquelles l'abbé Rey n'avait garde de manquer. « Il m'en eût trop coûté, disait-il, de me priver de la société de ces confrères vénérés, et je ne crus jamais acheter trop cher le bonheur de m'édifier de leurs exemples et de m'aider de leurs lumières. » C'est de ces réunions si belles qu'il faut dater l'amitié intime qui s'établit entre M. Bouvet et M. Rey. On peut donc admettre que l'association du *Saint-Zèle* avait été proposée et concertée dans ces pieuses assemblées, et l'on comprend que l'âge, l'expérience, la vénération des peuples, l'auréole de la persécution et la confiance des supérieurs ecclésiastiques donnaient à l'Oncle-Jacques une importance, dont son humble simplicité était sans doute loin de se prévaloir, mais qui était hautement reconnue et acceptée de ces vénérables confrères et qui l'investissait naturellement du droit de présidence dans ces édifiantes assemblées. C'est là que se concertaient les résolutions de détail pour l'œuvre des missions.

Quand il descendait à Thonon et qu'il disait la messe dans la maison de Jean Dupraz, le charron, dévoué corps et biens à l'Oncle-

Jacques, la Confrérie du *Saint-Zèle* montait la garde depuis minuit jusqu'au jour dans les cinq passages qui aboutissaient à la rue de la *Visitation* où était située cette maison. Un des membres les plus zélés, le père Gaynon, allait de l'un à l'autre factionnaire leur demander s'il n'y avait rien de nouveau ; puis, sans donner l'éveil, il retournait tranquilliser les fidèles qui priaient.

Ils ne sortaient de la messe que un à un et à quelque distance l'un de l'autre. Le père Dupraz se tenait à la porte ; il donnait à celui-ci un trident, à celui-là une brouette, à un troisième un manche de hache ou tout autre outil, afin que les mouchards de la Révolution ne s'aperçussent de rien. C'était chez ce père Dupraz qu'étaient cachés les ornements de la *Sainte-Maison* et de la Visitation, dans une chambre sans porte. On tenait dans un tonneau, à la cave, ceux dont on se servait d'habitude.

L'Oncle-Jacques disait aussi la messe assez souvent chez M. Quinet, ou chez M. de Tollon, ou à Concise, chez la veuve Masse, ou à Rive, chez Mamet. Il a aussi confessé, baptisé, marié bien des fois chez M. le docteur Ruffard, dont la maison, favorablement située pour éviter toute surprise, conserve encore les traces du culte qui s'y exerçait.

Il fit aussi connaissance à Thonon de plusieurs dames dont la foi ardente et le grand zèle à secourir les prêtres proscrits mériteraient que leurs noms ne fussent jamais oubliés dans le pays. Citons-en quelques-unes : Mlles Charmot,

Collet, de Saxel, Arpin, Bétemps, etc. Elles étaient membres de la Confrérie du *Saint-Zèle*, elles pourvoyaient aux besoins du missionnaire et remplissaient les fonctions si touchantes des saintes femmes de l'Evangile.

Tous les jours de grande fête, il disait autant de messes qu'il pouvait parcourir de communes depuis minuit jusqu'à midi.

Un soir de Noël, il dit la messe de minuit à La Vernaz, une seconde à Reyvroz, une troisième à Vailly, et cela dans les granges.

Il est juste de nommer aussi parmi les familles qui recevaient l'Oncle-Jacques à Thonon, le digne M. Fornier, nom qui figure déjà avantageusement à l'époque de la conversion du Chablais par saint François de Sales ; tant il est vrai qu'il y a quelque chose d'héréditaire dans les vertus comme dans les vices des familles !

Nous avons déjà remarqué, après S. Em. le cardinal Billiet, que, depuis la chute de Robespierre, aucune des lois hostiles aux prêtres n'avait été révoquée et qu'ainsi il suffisait qu'un fonctionnaire ou même un simple citoyen eût un peu de zèle révolutionnaire, pour que la persécution fût déchaînée de nouveau. Pendant quelque temps l'hydre faisait semblant de dormir ; mais malheur à qui se fiait à ce sommeil trompeur ! Sa sécurité le perdait, et jamais il n'y eut plus de prêtres déportés qu'à cette époque. A combien de nouveaux dangers l'Oncle-Jacques ne se trouva-t-il pas encore en butte !

En devenant chef des missions du Bas-Chablais, son rayon d'action s'était élargi. M. le

grand-vicaire Dubouloz avait en lui la confiance
la plus honorable et la mieux justifiée ; volontiers il mettait lui-même la main à la charrue
dans le champ du Seigneur, comme un simple
ouvrier évangélique ; mais le territoire dévolu à
ce grand-vicaire dans le partage qu'il fit avec
son collègue, M. de Saint-Marcel, était trop
vaste pour qu'il pût s'occuper sérieusement
d'autre chose que de la direction sommaire des
missions, des visites et des correspondances
qu'elles réclamaient. La charge de l'Oncle-Jacques s'était donc notablement accrue, et, avec
elle, les dangers qui en étaient inséparables.
Aussi, que de visites inattendues, que de fouilles
acharnées, que de rencontres compromettantes,
que de pièges tendus à son zèle ! L'iniquité se
flattait qu'en frappant le pasteur, elle aurait
plus facilement raison du troupeau. D'ailleurs,
l'existence de cet insaisissable *calottin* devenait,
après tant d'échecs éprouvés par les sbires à sa
recherche, une sorte de honte et d'insulte auxquelles l'impiété révolutionnaire ne pouvait se
résoudre plus longtemps. Il y eut donc contre
M. Bouvet un luxe de perquisitions et de fureur.
Mais, pendant quelques années encore, tout sera
inutile contre l'homme de Dieu ; son heure n'était pas venue. Citons encore de nouveaux traits
de protection divine : en les lisant, on croit lire
la vie si dramatique de saint Athanase, traqué
par les émissaires de Constance.

Il disait un jour la messe dans une chambre
au Lyaud ; les femmes et les enfants qui étaient
en observation vinrent précipitamment annon-

cer qu'on avait vu de loin poindre deux gendarmes, se dirigeant vers le Lyaud. Sans s'émouvoir, le prêtre finit la messe ; puis il se couvrit à la hâte d'habits de femme et se mit à laver la vaisselle. Quand les gendarmes arrivèrent, cette servante improvisée se prit à les regarder d'un air un peu hébété. La maîtresse de la maison la gronda de cette indiscrète curiosité : « Allons ! allons, grosse bête, lui dit-elle en patois, qu'as-tu à regarder là ? ces gens-là sont faits comme les autres ; fais ton ouvrage, f... vache ! autrement... » Les gendarmes fouillèrent partout, en pure perte.

Une autre fois, il confessait un malade quand on vit accourir deux gendarmes. La maison n'avait pas d'issue secrète ; mais, heureusement, on avait, le matin même, déposé des noix dans une claie pour les faire sécher à la cheminée de la cuisine, et la petite échelle qui avait servi à cette opération était encore dressée dans un coin. Le danger était pressant ; l'Oncle-Jacques monte à la cheminée et va se coucher sur la claie. Les gendarmes entrent, fouillent la maison et ne trouvent rien ; mais il faisait froid ; Rieux, l'un d'eux, était glacé et prie le propriétaire de faire du feu ; mais, comme on ne s'empressait pas d'obéir, il prit lui-même un fagot qu'il jeta sur le foyer. En s'allumant, le feu jetait quantité de fumée et menaçait d'étouffer le pauvre patient. Les gens de la maison ne savaient qu'imaginer. L'autre gendarme, Randon, qui avait déjà d'autres fois favorisé l'évasion de l'Oncle-Jacques, devina la cause de cet embarras. « Voilà du feu bien froid, dit-il ; si vous nous donniez de l'eau de cerise, que l'on dit si bonne par ici ? — Volontiers, passons au poële, dit le patron. » On alla s'attabler dans la pièce voisine et on réchauffa les deux gendarmes avec de l'eau-de-vie et du vin blanc. Le pauvre prêtre, à demi suffoqué et asphyxié, ne descendit qu'avec peine, pour aller respirer l'air des champs.

Dans une autre circonstance, il descendait du Lyaud en ville ; il trouva sur le bord du chemin des gens qui avaient fait des fagots d'épines. « Donnez-moi, dit-il, un de ces fagots, je le porterai chez vous. » Il prit le fagot, la serpe, la mitaine en peau et il descendit en ville. Il n'y avait qu'un instant qu'il était ainsi équipé, lorsqu'il rencontra deux gendarmes qui allaient à sa recherche. — « Avez-vous toujours votre calottin au Lyaud ? lui dit l'un d'eux. — Il y était encore ce matin, » répondit-il en patois, et il continua sa route.

Une autre fois, il entra, habillé en montagnard, portant des *tommes* (1) chez M. Gauthier, pour confesser madame Gauthier, qui l'avait demandé. Il trouva dans la cuisine trois patriotes. Sans se déconcerter et s'adressant à la demoiselle de la maison : « Auriez-vous besoin de tommes, madame ? dit-il en patois, j'en ai de bien bonnes. — Il faut les montrer à maman, répondit-elle ; entrez et venez lui parler. » Il

(1) Sorte de fromage qu'on fabrique en Savoie.

suivit la demoiselle dans la chambre de la malade, la confessa et disparut.

On le fit demander un jour chez M. l'avocat F..., à Rive, pour confesser madame ; mais c'était un guet-apens. Aussi, en arrivant en cuisine, trouva-t-il des gendarmes qui l'attendaient. Sans se trémousser, il fit semblant d'être le domestique de la maison, prit une bûche de bois, derrière le feu, avec une hache, et il sortit tranquillement comme pour aller fendre le bois à la rue. On pense bien qu'il ne rentra pas.

Il devait un jour dire la messe au Lyaud, chez la veuve l'*Epenix* ; déjà le petit *sifflet* s'était fait entendre dans le village. Il était vers le feu, disant son office, en attendant l'arrivée des fidèles. La veuve alla, par hasard, sur le seuil, pour voir si le monde arrivait ; mais au lieu du monde qu'elle attendait, elle vit deux gendarmes se diriger vers la maison. « Monsieur, s'écria-t-elle en pleurant, nous sommes perdus ; voici les gendarmes. — Eh ! *piamante* (1), ne te trouble pas ; mets vite deux pots d'eau ou de tisane vers le feu et donne-moi un bonnet. Je vais me coucher dans le lit de ton fils ; tu comprends ce que tu as à dire et à faire. » Et elle se tint vers le feu pour chauffer sa tisane. Les gendarmes arrivent. « Citoyenne, n'as-tu point de calottin caché chez toi ? — Mes braves messieurs, répliqua-t-elle en sanglotant et en s'essuyant les yeux avec le bord de son

____

(1) Terme de bienveillance, apporté de Turin, et qui équivaut aux mots *ma chère*.

tablier, je ne comprends pas ce que vous dites.
— N'as-tu pas un prêtre, un calottin ? dirent-ils
en haussant le ton avec humeur et avec menace. — Un prêtre ? ah ! je voudrais bien savoir
où en prendre un, pour faire confesser mon
malade qui est au lit. — Allons, ma bonne,
consolez-vous, c'est une formalité (forme alitée).
— Une forme, mon malade ! Demandez dans
tout le village, si c'est une forme (1) ! » Sans
comprendre qu'ils avaient fait un calembour,
les gendarmes calmèrent de leur mieux cette
femme éplorée et se consolèrent eux-mêmes en
disant : « Nous savons qu'il est dans le village ;
il ne nous échappera pas. » Ils sortirent.

Pendant ce temps, la bonne veuve, comme
une autre Rahab, fit échapper son malade par
une petite porte de derrière, et de là à travers
les broussailles d'Hermone, où il resta caché
jusqu'à la nuit. Elle n'oublia pas de lui envoyer
à dîner par son fils ; il était à jeun depuis la
veille ; ce ne fut que vers les quatre heures de
l'après-midi qu'il fit son premier repas.

Au milieu des périls et des fatigues de son
ministère, le missionnaire éprouvait quelquefois
de terribles faims. Un jour, parcourant les montagnes et n'osant entrer dans les villages, il
monta sur un prunier, où il prenait un excellent
repas avec un appétit dévorant. La femme, propriétaire du prunier, s'étant aperçue de la présence d'un maraudeur sur son arbre, courut à

____

(1) *Forme,* en patois, terme injurieux qui signifie un
homme de rien.

lui en criant : *Au voleur !* et en lui jetant force jurons. « Oh ! *piamante*, lui répondit-il en patois, ne crie pas tant. C'est le bon Dieu qui a *emmanché* ces prunes et il a donné aux oiseaux la permission de venir les becqueter. « Eh ! pauvre monsieur, est-ce vous ? Je ne vous savais pas là ; ne vous gênez pas ; tout ce que j'ai est à vous, et je serais bien heureuse de vous en voir profiter. » Il n'était pas prudent d'accepter l'hospitalité qu'elle lui offrit ; il regagna la montagne.

Il descendait d'Armoy à la tombée de la nuit pour confesser un malade à Thonon : il atteignit un char chargé de fascines et de feuilles, conduit par le père Mottu ; il pria celui-ci de lui permettre de se cacher dans ces feuilles et il arriva ainsi en ville, sans être aperçu ⋅de personne, jusque dans la grange du père Mottu.

Un autre malade en danger à Thonon le fit aussi demander. Mais la maison était à côté d'un poste de gendarmerie ; il y avait un gendarme en permanence à la porte. C'était en plein jour ; comment faire pour traverser la grande rue et passer à côté de cette sentinelle ? Il lui vint une idée. Comme c'était un jour de marché, il contrefit l'homme ivre ; il se dirigea en chancelant vers la maison du malade ; ses zigzags prenaient toute la rue ; son large chapeau sur les yeux, la tête appesantie tombant en avant, il avançait toujours, mettant les pieds dans les ruisseaux, *grommelant* à mesure qu'il avançait. Les spectateurs, en le regardant passer, disaient : « En voilà un, qui en a une charge ! » Arrivé vis-à-vis de la porte du malade, il se laissa tomber lourdement dans le corridor. Au bruit, on accourut de l'intérieur de la maison, on ramassa et on introduisit ce *sac à vin*. Un moment après, le malade était préparé à la mort.

La mère du chef des gendarmes était dangereusement malade ; elle fit demander un prêtre ; l'Oncle-Jacques arriva. Il demande à la caserne à parler à une femme malade qui avait fait demander un *homme d'affaires pour des règlements de compte*. Il fut introduit et administra la malade.

« En 1794, écrit M. Vuarin, je fus dans le cas
« d'aller m'aboucher avec lui pour conférer sur
« des objets d'administration ecclésiastique. Je
« me rendis au Lyaud, sur une charmante col-
« line... Lorsque je le quittai, il eut la complai-
« sance de m'accompagner jusque vers la place
« de Crête, c'est-à-dire aux portes de la ville :
« il se mit en équipage de meunier, monté sur
« un mulet, sans selle et sans bride, coiffé d'un
« bonnet blanc en laine et le reste de la toilette
« analogue. » Personne ne le reconnut.

Un jour, le fils l'*Epenix* était en observation sur le roc qui domine la maison. Tout à coup il voit venir ventre à terre trois gendarmes à cheval. Le jeune homme se précipite de son observatoire, court à la maison et trouve l'Oncle-Jacques qui, s'étant déchaussé, se chauffait et se séchait les pieds. « Monsieur, dit-il tout essoufflé, les gendarmes sont là. » En même temps, il lève la trappe et le prêtre s'y jette sans avoir le temps de remettre ni de ramasser sa chaussure.

Mais ce n'était pas au calottin que les gendarmes en voulaient ce jour-là. Ils venaient chercher du secours pour arrêter un incendie qui s'était déclaré dans les bois communaux de la ville.

Une nuit, après avoir dit la messe à Reyvroz, où s'étaient rassemblés les fidèles de La Forclaz et de La Vernaz, l'Oncle-Jacques conduisit ces trois paroisses en procession jusqu'à la chapelle qui domine la montagne d'Hermone.

Une autre fois, il entrait en ville, accompagné de M. Fornier, quand il rencontra vers le canal M. l'avocat F... Celui-ci outrepassa, puis il se retourna, se doutant que ce paysan pouvait bien être un calottin. « Nous sommes découverts, dit M. Fornier à son compagnon ; faisons encore quelques pas ; mais pour ce soir, retirez-vous à la montagne. » Il avait deviné juste ; cet avocat alla le dénoncer, et la même nuit, à onze heures, les gendarmes vinrent visiter toute la maison Fornier. C'était le 27 août 1798.

L'Oncle-Jacques rencontra un jour sur Crète l'ex-barnabite Michaud, curé constitutionnel de Thonon. « Gare à toi, Bouvet, lui dit le prêtre infidèle qui le reconnut, tu t'exposes ; crois-moi, retourne te cacher ; si je voulais, je te ferais arrêter. » L'Oncle-Jacques fit semblant de profiter de l'avis ; mais il fit un détour, rentra en ville par un autre chemin et se retira chez son ami Mamet.

Ce fut là un trait vraiment providentiel : la

mère Charrière, à Rive, et Mme Buffet, institutrice à Thonon, étaient dangereusement malades. La première réclamait un prêtre à grands cris, disant qu'elle ne voulait pas mourir sans sacrements; elle priait pour obtenir cette grâce. Sur ces entrefaites, on sut que l'Oncle-Jacques se trouvait par hasard chez Mamet. La joie fut dans la maison. L'Oncle-Jacques arrive; il n'avait qu'une hostie; il la divise en deux, confesse et administre successivement ces deux personnes, qui meurent aussitôt. On aurait dit qu'elles n'attendaient plus que les secours de l'Eglise pour faire le voyage de l'éternité.

« Le 14 août 1798, dit M. Vuarin, la gendarmerie de service à Thonon, renforcée par une vingtaine d'hommes de la garde nationale, était allée chercher Bouvet au village du Lyaud, où elle fit les perquisitions les plus sévères dans presque toutes les maisons. Ce fut encore sans résultat; M. Bouvet leur échappa par les galetas. Les gens de la force qui étaient arrivés, tambour battant, s'en retournèrent, le plus grand nombre penauds, et quelques gardes nationaux très-contents de n'avoir rien trouvé. Quand tout fut parti, on représenta à l'Oncle-Jacques que ce serait imprudent de dire la messe ce jour-là. « Ils ont bien fait *aller* leur tambour, dit-il; faisons *aller* aussi notre sifflet. » La messe fut dite sans encombre, et ces braves gens remercièrent Dieu d'avoir sauvé leur apôtre.

CHAPITRE IV

Situation politique et religieuse de la France sous le Directoire. — Réaction terroriste de fructidor. — M. Dubouloz, pris pour l'Oncle-Jacques, est arrêté et déporté. — Arrestation de l'Oncle-Jacques. — La confrérie du Saint-Zèle. — Incidents et scènes diverses de cette nuit mémorable. — Noms propres intervenus. — L'Oncle-Jacques est arraché de la prison. — Sa conduite dès lors. — M. Vuarin. — 18 Brumaire. — Résumé.

Depuis la chute de Robespierre, en 1794, la République française avait confié ses destinées à un Directoire composé de cinq membres, qui se partageaient le gouvernement. Pendant les cinq années qui s'écoulèrent, jusqu'au 18 brumaire, cette pentarchie se renouvela partiellement plusieurs fois, sans que la France ait jamais gagné au change. Ce ne fut plus l'époque des sanglantes audaces de la Convention ; ce fut une période de petites intrigues et de grands ridicules : c'est alors qu'on vit paraître les incroyables et les théophilanthropes. Sous ce gouvernement, la France se déconsidérait à ses propres yeux et achevait de se consumer en divisions intestines et souvent meurtrières. La gloire dont Napoléon se couvrit en Italie et en Egypte n'appartenait qu'à lui, à l'armée et à la France; mais elle ne rejaillissait point sur le Directoire, qui n'avait pour son grand capitaine qu'une inepte défiance et une sombre jalousie. D'ailleurs, pour les affaires de la guerre, Bonaparte commençait à s'émanciper de la tutelle du Directoire et de ses commissaires.

Sous le rapport religieux, on vit successivement survenir les revirements les plus inattendus. Au 24 août 1797, on crut un moment voir se fermer l'ère de la persécution ; on rapporta les lois iniques de réclusion et de bannissement édictées contre le clergé, dont un grand nombre de membres s'étaient rapatriés sur l'assurance de la liberté de conscience. Puis, le 18 fructidor (4 septembre suivant), il éclata une réaction terroriste ; on remit en vigueur les lois les plus violentes contre les prêtres et les émigrés. Le Directoire fut investi d'une funeste omnipotence contre le clergé. Ce fut une recrudescence de la Terreur ; des ordres pressants arrivèrent aux administrateurs des départements et des districts. C'est alors qu'on vit se renouveler, coup sur coup, ces visites et ces perquisitions domiciliaires.

Nous avons vu à combien de dangers l'Oncle-Jacques avait successivement échappé pendant le laps des sept dernières années. Outre que la gendarmerie avait les ordres les plus rigoureux pour opérer l'arrestation de ce missionnaire, l'amour-propre des sbires et des agents de la force y était intéressé. On les raillait de tant d'échecs, de tant de mystifications successives ; il fallait en finir avec cet insaisissable *calottin ;* on n'épargna pour ce résultat ni promesses, ni menaces, ni mensonges, ni perfidies. Déjà même, en juin 1798, les gendarmes happèrent assez vivement M. le grand-vicaire Dubouloz, « Me prenant pour l'Oncle-Jacques, « dit-il lui-même. » Cet admirable confesseur de la foi, digne des plus beaux temps de l'Église, fut déporté à la citadelle de l'île de Ré.

Sans rien rabattre de son zèle, l'Oncle-Jacques continuait l'œuvre de Dieu, s'abandonnant filialement à la garde de la Providence. A moins qu'elle ne continuât un miracle de protection, toutes les ressources de l'Oncle - Jacques ne pouvaient le sauver toujours. Comme ces héros de la foi, dont nous parle saint Paul, l'Oncle-Jacques dut encore mener une vie *tourmentée, errante, condamnée à toutes sortes de privations, d'angoisses, de persécutions, cherchant un asile dans la solitude, dans les montagnes, dans les antres et les cavernes de la terre.* Il ne manquait plus, ce semble, à cette carrière apostolique, que la gloire de la prison et des chaînes. Dieu allait enfin lui donner ce couronnement, en permettant qu'il fût arrêté.

Le récit de cet évènement, aussi glorieux pour la religion que pour M. Bouvet et pour les populations du Chablais, n'a pas besoin des broderies de l'imagination pour exciter le plus vif intérêt ; il lui suffit d'être reproduit avec la simplicité sublime de la vérité, attestée par les documents et les témoignages les plus dignes de foi.

Dans la matinée du 12 frimaire an VIII (3 décembre 1799), l'Oncle‑Jacques errait dans la montagne des *Moises*, lorsqu'il reçut un message de Thonon ; il s'agissait de descendre en ville pour confesser un patriote malade ; il devait passer la nuit chez M. Fornier, qui l'attendait. L'avis était urgent.

Le zélé missionnaire descend aussitôt à Lully, chez Mérandon, un ami des prêtres. Il s'y trouvait, en ce moment même, un autre prêtre caché. En reconnaissant la voix de l'Oncle‑Jacques, ce prêtre sortit de sa cachette pour venir lui serrer la main ; il l'engage à souper et à coucher avec lui. « Impossible, répond l'On‑ « cle Jacques ; je ne puis pas m'arrêter ; je suis « attendu à Thonon pour *signer le passeport* « d'un patriote dangereusement malade. — « Croyez‑moi, c'est un piège ; ils vous veulent « à tout prix ; vous allez vous jeter dans un « guet‑apens. — Mais non, mon bien‑aimé con‑ « frère, c'est un des nôtres qui m'a envoyé un « messager et il avait la consigne. — Mais, « Monsieur, vous êtes trop surveillé et trop « connu pour n'être pas découvert et arrêté. « — Eh bien ! qu'importe ? — Qu'importe ? « votre arrestation portera un coup funeste « aux missions dont vous êtes l'âme et le chef ; « quand vous serez à Ré, que deviendront tant

« d'âmes qui n'ont confiance qu'en vous ?
« Laissez passer l'orage et réservez-vous pour
« des temps meilleurs. » Mérandon joignait ses
représentations à celles du prêtre ; mais rien
ne put arrêter ni intimider l'intrépide missionnaire. « Peut-être bien que mon tour va aussi
« venir ; mais je ne vaux pas mieux que tant
« d'autres qui m'ont précédé ; à la garde de
« Dieu ! » On pleurait autour de lui ; on avait
les plus noirs pressentiments ; mais tout fut
inutile. Voyant son irrévocable détermination,
la fille Mérandon, enfant de douze ans, se coupa
les cheveux pour que l'Oncle-Jacques s'en fit
une queue et fût mieux déguisé ; c'était alors
pour les hommes la mode de porter les cheveux
en queue tressée. (C'est d'elle-même que M.
Rollier tient ces détails.)

Ainsi attiffé, une hotte sur le dos, l'Oncle-
Jacques se mit en route, évitant la voie publique, préférant les chemins de traverse.

Nous avons dit que, après avoir visité son
malade, il devait aller chez M. Fornier, qui
l'attendait.

Or, vers la tombée de la nuit, la cuisinière de
M. Fornier préparait un poisson à la fontaine
voisine de l'église de Saint-Hippolyte. Une
couturière de ses amies s'arrêta avec elle pour
causer un instant. La cuisinière, tout heureuse,
lui glisse son secret à l'oreille. « Mais garde-toi
« bien, ma chère, d'en souffler un mot à âme
« du monde. » Ce fut avec transport que la
jeune couturière, connue sous le nom de Bellîle,
apprit cette bonne nouvelle ; mais elle ne sut

pas mieux contenir son secret que sa joie ; en rentrant dans la maison où elle était en journée, elle confia mystérieusement la nouvelle aux personnes qui l'entouraient. — Fut - ce indiscrétion de la part de quelqu'un d'entre eux, — fut-ce malice ? nous l'ignorons ; le fait est que cette nouvelle parvint bien vite aux oreilles d'un des citoyens, Michaud. Ce patriote courut en donner avis, et trois gendarmes furent sur-le-champ envoyés à la rencontre de l'Oncle-Jacques, sur la route de Crête, par où il devait arriver.

Ils le rencontrèrent à l'entrée de la ville, vers la jonction des chemins du canal de Tully et de Crête

Il était six heures et demie du soir : il faisait nuit. En route, le prêtre avait échangé sa hotte contre un panier dans lequel il y avait du beurre et des œufs.

« Eh bien ! citoyen, que portes-tu là ? lui dit « un gendarme. — Des œufs et du beurre. — « Combien en veux tu ? — Ce n'est pas à ven- « dre ; c'est promis. — Suffit ! tu es arrêté ; « viens avec nous. » Et ils l'emmenèrent au milieu d'eux comme un criminel. L'Oncle-Jacques n'opposa pas la moindre résistance ; il descendit avec eux par la rue de la *Visitation* et il fut installé dans la maison d'arrêt, avec deux gendarmes, armés jusqu'aux dents, pour acolytes.

Le père Dupraz, charron, et ses trois fils, le virent passer devant leur atelier : « L'Oncle-« Jacques entre les gendarmes ! s'écrièrent les

« fils. » — « Ne bougez pas, mes enfants, du
« calme, du courage ! Ça ne sera rien. Voyons..,
« prenez vos outils, effacez-y notre marque et
« qu'un de vous coure avertir les amis. »

Aussitôt on annonça cette nouvelle aux
membres de l'association du *Saint-Zèle*, qui
accoururent en foule ; les uns arrivent avec
toutes les armes qui leur sont tombées sous la
main : bêches, tridents, pelles ; les autres déva-
lisent la boutique du charron. Toute la ville fut
bientôt pleine de cette nouvelle ; les quelques
patriotes de Thonon se frottaient les mains
d'aise ; la grande masse de la population était
dans une sorte de muette consternation. C'était
la nuit d'une foire ; la ville renfermait donc,
outre ses habitants, un grand nombre de campagnards attardés. Quand tout ce monde connut l'arrestation de l'Oncle-Jacques, ce fut une
stupeur générale ; ce fut un deuil public ; on
accourt, on s'attroupe. Tantôt on entendait des
exclamations d'éclatante colère ; tantôt un
morne silence régnait dans cette multitude ;
tantôt c'étaient de sourds grondements, pré-
sages de la tempête.

La nouvelle de cet évènement arriva avec la
rapidité de l'éclair dans toutes les communes
voisines ; les populations s'émurent, frémissant
d'indignation et de colère. Au Lyaud, l'*Epenix*
et François Berthet, de Reyvroz, dirent aux
groupes nombreux qui se formaient : « Enfants !
« amis ! l'Oncle-Jacques est en prison ! à nous
« de le délivrer, tout de suite ! *hardi !...* » On
accueillit avec acclamation cette courageuse

motion ; il ne resta au Lyaud que quatre vieillards, des femmes et des enfants. Les gens d'Armoy, hésitant à se joindre à la troupe des libérateurs, on leur annonça qu'au retour on
incendierait leur village.

Arrivés tous ensemble sur la place de Crête,
qui domine la ville, on se concerte ; on dépêche
en ville pour sonder les dispositions des esprits,
qui sont jugées du meilleur augure. Entrés
dans les rues vers les neuf heures et demie, ils
les trouvent obstruées de gens qui demandaient
à grands cris l'élargissement du prisonnier. Des
communes de au-delà de la Dranse, une foule
de campagnards déterminés couvraient la place
du Château. Quelques hercules de Féterne
brandissaient leur formidable *serviette* (1). En
vain l'agent municipal Fernex et le commandant des dragons Bourgeois cherchent à dis-
siper l'innombrable rassemblement qui s'était
amassé devant la maison d'arrêt. Une foule de
citoyens, amis de l'ordre, vont représenter au
citoyen Dessaix, président du district, que le
seul moyen d'éviter de grands malheurs est
d'élargir le prisonnier. Les représentants décla-
rent qu'on ne peut capituler devant l'émeute et
que force doit rester à la loi. En conséquence,
on double les postes, les douaniers eux-mêmes
sont mis en réquisition et consignés, avec leur
chef Canobi, en face de la prison.

Pendant que, dans les maisons, les femmes se

____

(1) Gourdin de chêne, rendu fameux par les exploits des
vogues.

désolaient, tremblaient et priaient, les hommes agissaient : les abords de la prison sont encombrés de gens déterminés. Au moyen d'une poutre dont on se sert comme d'un bélier, on bat la porte en brèche ; elle résiste ; on redouble, et, après d'énergiques efforts, la poutre crève la lourde porte et s'engage sans pouvoir être retirée.

La foule allait grossissant ; l'encombrement paralysait la liberté des mouvements. Les patrouilles ne pouvaient plus circuler ; en vain l'autorité tenta-t-elle encore des adjurations, des sommations. — « Rendez-nous notre prêtre ! » telle fut la seule réponse qu'on put saisir au milieu de ce tumulte.

En vain l'Oncle-Jacques lui-même, se hissant aux barreaux de son cachot, conjurait-il ses libérateurs de se retirer : « Soyez tranquilles, « mes enfants, je suis avec de braves gens ; « laissez-moi, il arrivera des malheurs. » On répondit par un hourrah, quand on entendit cette voix si chère : « A nous l'Oncle-Jacques ! « A nous notre prêtre ! » Les gendarmes répondaient des fenêtres : « Vous ne l'aurez pas ! votre « calottin ! — Nous l'aurons ! répondait le peu- « ple. » Et l'on continuait de s'agiter, de s'acharner à la porte de la prison ; mais rien n'avançait.

Le gendarme Hermann, l'un des satellites du prisonnier, disait à Randon, son brigadier : « Il « paraît que ces fanatiques aiment les reliques ; « mettons ce calottin en pièces et nous leur en « jetterons à chacun un morceau pour relique. »

Randon, plus humain, lui répliquait : « Nous
« avons ordre de le garder et non de le tuer ;
« d'ailleurs, si nous le touchons, nous serons
« massacrés par le peuple, et nos enfants, que
« deviendront-ils ? On ne peut rien contre la
« force. » Alors Hermann, pour se dédommager
un peu du mal qu'il ne pouvait pas faire, cédant
à ses instincts aussi ignobles que cruels, passait
sur les lèvres du prêtre de l'urine, des ordures ;
il lui arrachait les poils de la barbe et l'accablait
d'outrages.

Pendant ce temps, il vint à quelques femmes
une pensée qui témoigne de leur présence d'esprit : craignant que les sbires n'emmenassent
le détenu à Rive et ne l'embarquassent pour être
ensuite déporté à l'île de Ré ou dans la Guyane,
comme on l'avait fait l'année précédente pour
M. le grand vicaire Dubouloz, elles coururent
au bord du lac, lancèrent à l'eau tous les ba-
teaux qui y étaient amarrés et cachèrent les
rames.

Il était plus de minuit ; il y avait quatre longues heures qu'on luttait pour enfoncer cette
lourde porte, toute hérissée de fer. Dupraz, le
charron, Bourgeois, le charpentier, eurent l'idée
d'ouvrir des trous avec un vilebrequin, en
décrivant des cercles dont ils enfonçaient le
centre ; mais l'on avait compté sans les énormes
verroux qui mordaient dans la taille et qu'un
archer posté derrière la porte, maintenait solidement fermés. « Des batterants ! s'écrie-t-on,
« vite des batterants ! » Puis, armé d'un de ces
puissants engins, François Berthet, un fier-à-

bras de Reyvroz, frappe à coups redoublés ; la porte crie, les gonds cèdent, les verroux se tordent et fléchissent ; il frappe encore et tout s'écroule à la fois !

Hommes, femmes, tout se précipite en foule dans le cachot du confesseur ; deux femmes, la Marmion et la Bellîle, avaient rempli leur tablier de poivre qu'elles jetaient, en entrant, aux yeux des gendarmes.

Hermann veut résister et, de désespoir, il couche le confesseur en joue ; mais un des sauveurs lui assène sur la tête deux coups de gourdin et l'envoie rouler à terre ; sans l'Oncle-Jacques, on l'écharpait. La foule attendait à la rue dans une fièvreuse impatience ; Bourgeois, le commandant des dragons, qui ose menacer et commander l'attaque, reçoit à son tour un coup de pioche sur la tête qui l'étendit ; les siens le ramassèrent demi-mort.

Sans perdre de temps, les libérateurs enferment l'Oncle-Jacques dans leurs rangs compacts et débouchent sur la rue par la large porte abattue. Ce furent des acclamations enthousiastes: « Dieu soit béni ! il est à nous ! Notre père « nous est rendu ! » Pendant que la foule dégorge de la prison avec l'Oncle-Jacques, Canobi ordonne une décharge à ses douaniers ; plusieurs tirent en l'air, mais d'autres visent sur le flot humain, qui débouchait de la prison. La pauvre Bellîle, la cause innocente de tout le mal, reçut en pleine poitrine une balle qui devait la tuer ; elle a survécu près de quarante ans à cette blessure ; J.-L. Ticon reçut deux coups de feu, dont aucun ne fut mortel ; plusieurs autres personnes furent blessées. Il n'y eut qu'un mort : ce fut Jean-Marie Baud, de Concise, qu'on avait pris pour l'Oncle-Jacques, parce qu'il portait des habits blancs comme lui. L'Oncle-Jacques pleurait d'être la cause de tout ce tumulte et de ces malheurs. Mais la foule, ivre de joie, acclamait sa délivrance et voulait le porter en triomphe ; l'encombrement seul, joint aux résistances du confesseur, empêcha ces explosions de religieux délire. Jacques Gauthier le chargea cependant sur ses épaules comme sur un pavois, tant il était heureux de montrer au peuple son Père bien-aimé, enfin rendu à la liberté.

« Honneur aux braves de cette nuit ! s'écrie « M. Rollier ; qui peut mourir n'est jamais « faible. Le père Dupraz et ses fils, Gaynon, « Mottu, J. Gauthier, F. Mestrallet, J.-L. Ticon, « Chevallet dit *Passy*, Mamet, de Rive, Portay, « J. Lombard, Chapelier, Bourgeois le char- « pentier, L. Malfroy, J.-C. Baud, sont des « noms que les fidèles de Thonon ne devraient « jamais oublier. »

La justice veut aussi que l'on nomme avec non moins d'honneur F. Berthet, de Reyvroz, le fils l'*Epenix*, du Lyaud. Mais pourquoi ne pas nommer le Lyaud tout entier, dont la population fut héroïque ? Aussi, comme témoignage bien glorieux pour eux, ce fut à leur garde que l'on confia l'apôtre libéré. Mais on ne le leur abandonna qu'après qu'une immense multitude l'eût accompagné longtemps sur la route du

Lyaud, tant pour jouir de la délivrance du défenseur de sa foi, que pour le protéger encore contre la violence de la force armée, si elle eût osé tenter un retour. L'Oncle-Jacques pleurait d'attendrissement devant une pareille démonstration de foi et de dévouement. Comme saint Pierre, après sa délivrance, il croyait rêver ; puis il remerciait Dieu de sa protection, il remerciait ses libérateurs de tant de dévouement ; puis il en revenait à gémir sur les victimes et désirait revoir au moins le corps inanimé du pauvre Baud, tué pour lui. Mais la foule, toute à son bonheur, ne voulait pas l'exposer aux funestes retours de la fortune.

L'Oncle - Jacques arriva triomphalement au Lyaud ; on touchait au matin ; le reste de la nuit fut une fête consacrée par la prière et par de saintes agapes. Craignant d'attirer sur le Lyaud les vengeances patriotiques, l'Oncle-Jacques quitta ce village, malgré les supplications de ses habitants. Quoi qu'il en coûtât à son cœur, il disparut dans la matinée.

Que de traits admirables signalèrent cette nuit ! Les gardes nationaux de Thonon répugnaient à prêter leur service contre leurs concitoyens ; n'agissaient-ils pas pour une cause qui leur était chère à eux aussi ? Les soldats eux-mêmes de la petite garnison de Thonon comprirent ce sentiment et le respectèrent ; il n'y eut pour tirer sur le peuple que quelques douaniers de Canobi et le gendarme qui était posté derrière la porte de la prison.

Pendant cette nuit mémorable, des citoyens

pacifiques cherchaient à calmer les gens de la force armée et à les emmener dans les cabarets. La seule auberge Dantand (aujourd'hui Fillion) a distribué *gratis* deux chars de vin (plus de 1300 litres) aux soldats, gardes nationaux, ainsi qu'à ceux qui cherchaient à les tenir éloignés de la scène.

Le cadavre du jeune Baud J.-Marie gisait devant la porte brisée de la prison ; on annonce cette nouvelle à sa mère, qui s'écrie aussitôt : « Dieu soit béni, mon fils est mort pour une « belle cause ! Il devait me quitter demain pour « rejoindre son corps à Genève, il est parti « pour le ciel ! » Et elle vint verser des larmes de religieuse tendresse sur la dépouille de son enfant, en qui elle voyait un martyr. Honneur à votre mémoire, sainte femme, héroïne chrétienne ! vous fûtes sublime comme la mère des Machabées !

Le 13 frimaire (4 décembre), la justice de paix leva le cadavre, et, le lendemain, l'adjoint municipal Dantand rédigea le registre mortuaire, sans mentionner les circonstances de cette mort.

Un certain nombre de ceux qui avaient pris part à cet admirable coup de main furent incarcérés ; mais il n'y eut de suite sérieuse contre aucun détenu.

D'ailleurs le Directoire n'existait plus ; le 18 brumaire précédent, un coup d'Etat, vigoureusement exécuté, avait fait passer la France sous le régime consulaire : une ère réparatrice venait de s'ouvrir ; Bonaparte s'était mis au timon des affaires. Lasse de se débattre dans l'anarchie et le sang, la France ratifiait le 18 brumaire.

Mais le clergé ressentit peu tout d'abord le bénéfice de cette nouvelle constitution ; aucune des lois qui l'atteignait ne fut encore rapportée et l'on vit, çà et là, des préteurs et des proconsuls zélés attiser encore le feu de la persécution.

Quant à l'Oncle-Jacques, on se tromperait, si, après une courte détention, on le supposait devenu accessible à la crainte ; il se remit, comme auparavant, aux œuvres de son apostolat et ne rabattit rien de son zèle.

« C'est miraculeux ! avons-nous ouï-dire à nos
« vieillards, personne n'est mort sans sacre-
« ments pendant les huit années d'affreuse mé-
« moire qu'a duré la persécution, à moins que
« le malade n'ait refusé ou que l'on ait négligé
« d'appeler l'Oncle-Jacques ; il était à tout et à
« tous ; chrétiens fidèles ou sans-culottes, sa
« charité ne mettait point de différence entre
« eux ; toutes ces âmes avaient coûté la vie à un
« Dieu ; aussi, pour les sauver, tous les jours il
« exposait la sienne. »

Peu de temps après son extraction de la prison, l'Oncle-Jacques y revint pour confesser un malade qui l'avait fait appeler. Le concierge Michaud et sa femme étaient dans le secret. A peine était-il entré, que deux gendarmes viennent frapper à la porte de la maison d'arrêt ; on se crut dénoncé et perdu. Que résoudre ? Pas moyen de cacher ou de faire évader le confesseur. Le pauvre geôlier était dans des transes mortelles. « Ah bah ! leur dit le prêtre

« avec son inaltérable sang-froid, ne vous trou-
« blez pas ; si vous êtes calmes, on ne fera pas
« attention à moi ; on me prendra pour un des
« pensionnaires de la maison. Pour moi, que
« m'arrivera-t-il, si je suis reconnu ? Je suis
« en prison on n'aura pas la peine de m'y
« conduire. »

Les gendarmes étaient venus pour un autre objet ; ils remplirent leur mission, sans se douter qu'ils fussent en face d'un calottin. Le geôlier en fut quitte pour la peur et l'Oncles-Jacques confessa tranquillement le prisonnier malade.

Sur ses vieux jours, ce concierge mendiait son pain, et, quoique son trousseau d'énormes clés eût enfermé bien des innocents, on lui savait gré de n'avoir pas été aussi méchant qu'il aurait pu l'être. Ce pauvre homme ne fut pas le seul à éprouver de ces revers de fortune ; souvent, depuis la Révolution, on a vu la Providence exercer de terribles justices et appliquer la loi du talion à de plus grands coupables.

Tel fut l'Oncle-Jacques pendant les temps orageux de la Révolution. Il sut toujours demeurer étranger à la politique violente de cette époque, ainsi qu'au schisme qui avait un moment affligé le diocèse de saint François de Sales ; jamais il ne pactisa ni avec des projets de réaction compromettante, ni avec l'évêque ou les prêtres constitutionnels du Mont-Blanc ; il tenait tous ses pouvoirs et sa ligne de conduite de Mgr Paget, dernier évêque de Genève, dont deux grands-vicaires, MM. Bigex et Bes-

son (1), résidaient à Lausanne ; après l'organisation des Missions, en 1795, son chef immédiat
était le digne M. Dubouloz, vicaire-général.

Il recevait quelquefois leurs ordres par l'entremise d'un séminariste de vingt-quatre ans,
de physionomie et de manières distinguées, qui
portait un costume de commis-voyageur ou
même de gendarme. Ce jeune diacre, qui faisait
ainsi l'apprentissage de l'apostolat à l'école de
MM. Dubouloz, Bouvet, Ducret, Pasquier, dont
il était l'admirateur et l'ami, et qui en fut, plus
tard, le biographe, cet intéressant lévite, qui
s'était annoncé sous d'aussi favorables auspices, c'est l'illustre M. Vuarin, qui devait, dans
la suite, s'immortaliser par ses luttes contre le
protestantisme à Genève. Que sa mémoire
reçoive ici l'hommage de notre admiration et
de notre reconnaissance pour les importants
services qu'il a rendus à la religion et en particulier au diocèse d'Annecy, qui a eu la gloire
de lui donner le jour et l'éducation cléricale !
Son nom appartient désormais à l'histoire de
l'Eglise.

Au milieu d'une existence si tourmentée,
M. Bouvet conserva toujours sa charmante
jovialité, le mot pour rire, l'anecdote amusante ;
toujours il ramena la sérénité sur les fronts les
plus assombris par la terreur, la paix et le
courage dans les âmes les plus abattues. Toujours il marcha par la voie de la simplicité et de

______

(1) M. de Thiollaz, sauvé par M. Mathieu, d'Annecy, vivait
retiré à Venise.

la droiture. Si quelquefois il recourait à d'innocents stratagèmes ou à quelque travestissement, qui osera l'en blâmer ? Il se donna par là des traits de ressemblance de plus avec le divin modèle des prêtres, à Jésus lui-même, qui a emprunté les traits d'un voyageur et d'un jardinier. L'autorité d'un pareil exemple, l'innocence intrinsèque de la chose, l'importance du but et l'imminence du danger justifient amplement ces moyens, qui n'étaient, après tout, que des ruses de guerre. Du reste, on l'a vu, sa meilleure ruse fut toujours sa confiance en Dieu aidée d'un imperturbable sang-froid.

Sa bonté, sa charité étaient proverbiales. Dans les maisons où l'on savait qu'il se retirait, les fidèles portaient quelquefois beaucoup de dons : jamais il ne retint que le strict nécessaire ; il distribuait le reste aux pauvres, sans se préoccuper du lendemain, ou le laissait pour sa *pension !*

Au village de la Beaume, vivait une personne affligée d'une plaie hideuse : c'était une infecte carie d'os à un pied ; la pourriture dévorait ce membre avant la mort de la patiente ; personne ne se dévouait à soigner cette infortunée. L'Oncle-Jacques en eut compassion ; on le vit plusieurs fois panser ce pied avec une affection maternelle, laver ces chairs putrides, en étancher le pus et bander ensuite ce pauvre membre avec la tendresse et la dextérité d'une sœur de charité.

Une veuve du Lyaud avait perdu une vache, qui faisait sa principale ressource ; l'Oncle-

Jacques prit chez son père deux petites génisses: « Tenez, *piamante*, avec un peu de patience, vous aurez deux vaches pour une. »

Mais il donna plus que cela par le sacrifice qu'il avait fait de lui-même au salut de ses semblables, et les huit années de son apostolat en Chablais furent sublimes de dévouement.

En résumé, la conduite de ce prêtre étonnant fut marquée au coin de la sagesse divine ; c'est elle qui (1) l'assista au milieu des dangers et le fit triompher de tant d'ennemis. Ce fut elle aussi qui féconda les efforts de son zèle et qui le dirigea toujours dans les travaux de restauration religieuse à laquelle nous allons le voir prendre, dans sa sphère, une part si importante

(1) Sap., c. x., v. 10-12.

CHAPITRE V

Rétablissement du culte en France. — M. Bouvet, curé de Saint-Maurice d'Annecy. — Physionomie religieuse de cette ville. — État de l'église de Saint-Dominique. — Fabrique provisoire. — Réparations diverses. — L'église est enfin livrée au culte. — Pie VII à Chambéry. — Confréries. — Corporations. — Moyens et succès.

Le vainqueur de Marengo venait de concevoir une grande résolution : celle de rétablir le culte catholique en France. On sait quelles tractations intervinrent dans ce but entre le Saint-Siège et le gouvernement consulaire. Il en sortit le Concordat, signé à Paris, le 25 juillet 1801, ratifié par Pie VII le 25 août suivant, et enfin promulgué le 9 avril 1802.

Par la bulle *Qui Christi domini*, la Savoie ne forma plus qu'un seul diocèse, dont le chef-lieu était Chambéry. Mgr de Mérinville, premier titulaire de ce nouveau siège, ne put venir l'occuper qu'au commencement de l'année 1803. Ce prélat, chargé par le Saint-Siège de l'érection et de la circonscription des paroisses de ce vaste diocèse, créa et délimita deux paroisses à Annecy : celle de Saint-Pierre (ancienne cathédrale), à laquelle était attachée la partie sud d'Annecy, avec les sections de Loverchy

et de Gévrier, et celle de Saint-Maurice, attachée à l'église de Saint-Dominique, qui comprenait la partie nord d'Annecy, avec le village
de Cran-Gevrier.

Nous citons maintenant M. Bouvet, qui a
laissé des notes manuscrites très-intéressantes
à consulter et dont nous ferons fréquemment
des extraits textuels : « Le premier curé de la
« paroisse de Saint-Maurice d'Annecy-Nord est
« Révérend Jacques Bouvet, docteur en théo-
« logie et ès-droits, né au Biot, en Chablais,
« le 29 novembre 1751, ordonné prêtre le 29 mai
« 1779, institué curé d'Annecy par patentes du
« 10 août 1803 et mis en possession de l'église de
« Saint-Dominique le 24 du même mois, quoi-
« qu'elle se trouvât alors tellement dévastée
« qu'il ne restait autre chose que les murs. »

Cette nomination était allée surprendre et
affliger l'Oncle-Jacques au milieu de ses fonctions de missionnaire-chef en Chablais, où il
était encore resté depuis le 18 brumaire jusqu'en 1803. On sait que, depuis le commencement du Consulat jusqu'à la mise en vigueur du
Concordat, les prêtres-missionnaires eurent la
liberté de leur ministère ; mais ils ne vivaient
que des aumônes ou des souscriptions des
familles, ou encore de leurs moyens patrimo-
niaux. C'était sans doute un touchant spectacle
que ce désintéressement d'un côté et ce dévouement religieux des populations d'un autre
côté. Il ne contribua pas peu à déterminer le
Premier Consul à la conclusion du Concordat.
N'eût-il pas vu dans le rétablissement du culte

un élément d'ordre et de stabilité, qu'il s'en serait encore fait un instrument de popularité.

Mais il fallait pour cela sortir le clergé d'une situation si précaire et lui assurer des moyens fixes d'existence, au moins comme légitime compensation de ses propriétés aliénées. Voilà l'idée-mère du Concordat.

Dès la promulgation de cet acte important, il fallut procéder à un remaniement entier et à une organisation nouvelle de la face extérieure de l'Église en France.

Mgr de Mérinville, qui avait deux départements dans son vaste diocèse, avait chargé ses deux grands-vicaires, MM. Bigex et de Thiollaz, du projet de circonscription des paroisses. Annecy avait été, comme nous l'avons dit, divisé en deux paroisses, dont M. Bigex, chargé de la partie du Mont-Blanc, avait tracé les limites. Tout le diocèse fut, de même, divisé.

C'est alors que le nouvel évêque de Chambéry se composa un chapitre qui devint une pépinière d'évêques. Les postes principaux de ce grand diocèse furent confiés à quelques-uns de ces prêtres qui avaient fait leurs preuves pendant la Révolution. A ce titre, M. Bouvet figurait au premier rang, et il fut, en conséquence, appelé à diriger l'importante cure de Saint-Maurice d'Annecy. M. Bigex, qui avait vu de près à l'œuvre ce prêtre recommandable, tint à utiliser son mérite sur un plus grand théâtre. L'Oncle Jacques quitta donc ce Chablais, où son zèle et sa bonté lui avaient gagné les cœurs et où sa mémoire restera en bénédiction, et, le 24 août 1803, il fut installé curé de Saint-Maurice.

Du reste, si cette nomination, dans l'intention de ses supérieurs, était un honneur, une récompense pour M. Bouvet, elle fut, à ses yeux, une lourde charge qu'il tremblait d'accepter. Voici comment M. Vuarin, juge bien compétent, apprécie la situation d'Annecy, au moment où M. Bouvet y arriva : « Malheureusement, « les administrations révolutionnaires avaient « commis dans la ville d'Annecy des voies de fait « bien odieuses et bien humiliantes, et la nou- « velle génération de cette époque avait été « élevée sous de bien fâcheux auspices. L'esprit « public avait un grand besoin d'être régénéré, « et, pour atteindre ce but, il fallait un mélange « de fermeté et de bienveillance qui calmât « doucement les passions, sans les aigrir et les « irriter, et cependant sans sacrifier les prin- « cipes et sans faire des concessions aveugles « et déplorables, trop communes de nos jours, « et qui font à la société comme à la religion « les plaies les plus dangereuses, par les con- « séquences perfides que l'homme ennemi sait « en tirer. Mgr de Mérinville choisit avec dis- « cernement, pour curé de la paroisse de Saint- « Maurice, M. Bouvet. Cet homme de Dieu, « qui, aux qualités sacerdotales, joignait un « caractère conciliant, une bonté et un ton « paternels, une connaissance du cœur humain, « acquise par une longue expérience dans « l'exercice du saint ministère, remplit dans « Annecy une mission pratique qui produisit

« les plus heureux résultats et réconcilia avec
« la religion les chefs de famille raisonnables,
« qui n'avaient pas ce que saint Paul appelle
« la conscience cautérisée. A l'exemple de saint
« Paul, il se fit *tout à tous, pour les sauver*
« *tous.* »

Ce jugement sur les administrations d'Annecy paraît un peu sévère. Peut-être avaient-elles, comme ailleurs, des velléités d'impiété ; mais elles n'en eurent pas l'audace. On ne pourrait, sans injustice, leur imputer certaines scènes terribles du Pâquier ou du palais de l'Ile. L'odieux en remonte à des conseils de guerre ou à des terroristes étrangers à la ville. Des citoyens, et même des administrateurs locaux, se portèrent, nous le savons, à des actes de spoliation qui leur étaient imposés, le plus souvent, par le pouvoir central. Mais on leur doit la justice de reconnaître qu'ils n'ont pas été sanguinaires et que leur attitude, en ce qui concernait les précieuses reliques des deux Saints d'Annecy, a été convenable, surtout si l'on songe que, à cette époque, on traînait aux gémonies ou qu'on livrait aux flammes les ossements des rois et la dépouille des saints. La fièvre révolutionnaire avait, sans doute, produit à Annecy, comme ailleurs, un peu de délire ; mais on ne tarda pas à voir l'exaltation patriotique baisser, soit par lassitude politique, soit par un besoin naturel d'ordre, soit par le désir de jouir en paix des dépouilles dont on s'était enrichi.

Le peuple d'Annecy, pendant la Révolution,

était demeuré catholique. Panisset, évêque intrus du Mont-Blanc, ne jouissait d'aucune considération ni d'aucune influence. On sait même que les femmes d'Annecy firent un jour une émeute contre lui et qu'il se blottit comme il put dans un égout pour échapper à leur colère. Au commencement de janvier 1796, M. le grand-vicaire Dubouloz et M. Vuarin vinrent le *ravir* et l'emmenèrent à Lausanne, où résidaient MM. de Thiollaz, Bigex et Besson. Le 22 février suivant, il adressa sa rétractation au Pape Pie VI, qui l'accepta par un bref paternel du 1er juin 1796. Le Directoire n'avait pas songé à le remplacer. Annecy ne saurait garder trop de reconnaissance à M. Dubouloz, soit pour cet acte courageux, soit surtout pour le religieux empressement qu'il avait mis à venir dans cette ville, à l'époque si terrible de 1794, à l'effet de reconnaître et de constater l'identité de ces *saintes reliques*, MM. de Saint-Marcel et le chanoine Mugnier, citoyens d'Annecy, n'ont pas moins bien mérité de la religion et de leur pays, en y exerçant courageusement le saint ministère pendant la Révolution. Mais, quelque précieux services que ces prêtres aient pu rendre aux malades, Annecy était resté privé pendant dix ans des consolations du culte catholique et de l'instruction religieuse. On peut donc croire que la foi et les mœurs avaient subi de profondes atteintes et que l'arrivée à Annecy d'un curé comme M. Bouvet y était devenue bien désirable et nécessaire.

Il avait été, avons-nous dit, installé curé de

Saint-Maurice en 1803. Il nous reste à le suivre dans sa carrière curiale. Notre récit ne présentera plus, il est vrai, le côté merveilleux et l'intérêt souvent dramatique de son apostolat en Chablais ; mais il nous apparaîtra comme un grand restaurateur et comme un curé modèle. Que de ruines à relever ! que d'œuvres à créer ou à consolider ! Reconstituons de notre mieux ce passé qui nous échappe. Nous avons pour cette tâche de précieux documents, savoir : d'un côté des pièces authentiques et officielles ; de l'autre, des notes émanées de la plume même de M. Bouvet. Nous les recueillerons avec fidélité et avec respect. Du reste, pour mieux juger de la situation désormais faite au nouveau curé de Saint-Maurice, il est à propos de jeter un coup d'œil rétrospectif sur la physionomie religieuse d'Annecy avant la Révolution.

Sous le titre d'*Annotations historiques*, M. Bouvet résume ainsi l'état religieux d'Annecy avant la révolution du siècle dernier :

« Lors de l'invasion des Français en Savoie,
« au 22 septembre 1792, la ville d'Annecy était
« le lieu de la résidence de l'évêque de Genève,
« qui y avait toujours son siége, quoiqu'il en
« eût été expulsé en 1535, dans la personne de
« Pierre de la Beaume. L'évêque titulaire en
« 1792 était Mgr Paget, natif de Saint-Julien ;
« il avait pour cathédrale l'église de Saint-
« François d'Assise, bâtie par Mgr Lambert,
« évêque de Caserte.

« Outre le Chapitre de la cathédrale, Annecy
« renfermait encore la collégiale de Notre-

« Dame et plusieurs couvents d'hommes et de
« femmes, savoir : un couvent de Dominicains,
« un de Capucins, un de Barnabites, deux de
« Visitandines, un de Clarisses, un d'Annon-
« ciades, et un de Bernardines, dit de *Bon-Lieu*,
« vers le Pâquier, » où avaient été recueillis
les derniers débris de l'abbaye de Sainte -
Catherine.

« Le couvent de la grande Visitation, dit le
« premier monastère de l'Ordre, avait l'église
« de Saint-François de Sales, dans laquelle
« reposaient les précieux restes de ce grand
« évêque, ainsi que ceux de la bienheureuse
« Mère de Chantal, qu'on venait vénérer *en*
« *foule, même de fort loin.* » C'est cette église
que chacun connaît, et dont la destination,
aujourd'hui si différente, attriste encore les
regards catholiques (1).

« Tout Annecy ne formait autrefois qu'une
« paroisse, dont l'église paroissiale, sous le
« vocable de Saint-Maurice, était située sous le
« château de Nemours, et la cure, soit presby-
« tère, à côté d'icelle. Le cimetière était attigu
« à l'église. La paroisse était desservie par le
« Chapitre de la Collégiale, au moyen d'un rec-
« teur amovible, aidé d'un vicaire qui demeu-
« rait à la cure. » Le dernier curé, avant la
Révolution, était un M. Ranguis, et le dernier

(1) Depuis quelques années, elle a été soustraite à tout usage
profane. Un comité s'est formé qui, au moyen de quêtes et de
souscriptions et grâce au zèle de M. le grand-vicaire de Quincy,
est en pleine voie de restaurer et d'embellir ce vénérable
monument, en vue de lui rendre une destination religieuse.

vicaire un M. Thonin, qui traversèrent tous deux cette terrible époque sans serments ni reproches.

« La situation de l'ancienne église de Saint-
« Maurice, au-dessus de la ville et à l'ombre du
« fort, en rendait l'accès difficile et souvent
« périlleux, surtout en hiver. C'est pourquoi
« l'on souhaitait depuis longtemps que la pa-
« roisse fût transférée dans une des églises de
« la ville. Aussi, au commencement de la Révo-
« lution, c'est-à-dire en automne 1792, on trans-
« féra la paroisse dans l'église de Saint-Domi-
« nique, et on logea son recteur avec son vicaire
« dans le couvent des Dominicains y attigu. Le
« cimetière fut transféré hors ville, à gauche
« de la route de Chambéry. »

Dans sa séance du 31 octobre 1792, l'Assemblée des Allobroges avait nommé des commissaires pour faire l'inventaire des biens meubles et immeubles de la Maison des Dominicains d'Annecy. Le 17 novembre suivant, les deux commissaires nommés pour cette opération firent, sur les déclarations du R. P. Joseph Garnier, prieur, et R^d Hoquiné, procureur par *intérim*, un volumineux inventaire de tout ce qui se trouvait dans l'église et dans le couvent des Dominicains, et leur déclarèrent que, désormais, tous ces biens appartenaient à la nation. Dès lors, ces religieux laissèrent leur couvent et leur église disponibles. C'est alors que la paroisse de Saint-Maurice y fut transportée ; mais, au mois de mars suivant, le culte catholique cessa d'y être exercé. On sait que tous ces établissements religieux furent détruits ou dénaturés pendant la Révolution : l'ancienne église de Saint-Maurice fut vendue et démolie ; le presbytère, aliéné ; le cimetière, longtemps inoccupé, a reçu la triste destination que chacun connaît (1) ; le grand Séminaire devint un hôpital militaire.

« Ainsi, dit M. Vuarin, au moment où M. Bou-
« vet arriva à Annecy, en 1803, l'église de Saint-
« Maurice (ci-devant des Dominicains) n'offrait
« que l'aspect d'une remise et d'un grenier à
« foin, et rappelait cette réflexion du célèbre
« Laharpe, retraçant les ruines de tous genres,
« dont le fanatisme révolutionnaire avait cou-
« vert la France. A la vue de chaque monu-
« ment détruit, cet incrédule converti s'écrie :
« *Ici passa la horde révolutionnaire.* »

M. Bouvet fut logé d'abord, comme il le marque, « chez M. Ruphy François, au bout du
« pont en pierre de la Halle, où il a demeuré
« jusqu'au 24 juin 1828, » c'est-à-dire que pendant plus de vingt ans, ce bon curé ne résidait pas sur sa paroisse, mais sur la paroisse de Saint-Pierre ; car la paroisse de Saint-Maurice, avons-nous dit, s'étendait au nord du grand canal et ne possédait aucune maison au sud.

Dès que le nouveau curé de Saint-Maurice eut pris possession de son église, elle fut pour lui une épouse avec laquelle il ne divorcera pas ; elle allait redevenir la maison de Dieu. Elle était, à ce moment, dans un état navrant d'indé-

(1) Voir *Souvenirs historiques d'Annecy*, page 91.

vence et de délabrement. Pendant dix ans, elle avait été louée à divers locataires ; ici c'était un dépôt de planches ; là une fenière, plus loin une remise ; la partie sud, en entrant, est même demeurée grenette jusqu'en 1812. De ses dix autels, un seul avait été épargné avec le tableau qu'on y voit encore : c'est la chapelle de Saint-Hyacinthe, aujourd'hui chapelle du Rosaire.

Un immense jubé séparait le chœur des Dominicains de la grande nef, réservée au peuple ; la grille en fer qui fermait le cloître avait disparu. Quelque précieux que pût être, sous le rapport artistique, ce jubé avec son ambon, ces monuments n'étaient qu'un embarras dans une église destinée à devenir paroissiale. Il fallut démolir ce jubé, où régnaient encore les boiseries d'un bel orgue, privé de ses flûtes d'étain. Le sous-pied était en poussière ; les plus belles pierres sépulcrales, qui autrefois pavaient toutes les chapelles de cette église, comme de vastes dalles, étaient allées couvrir des fontaines publiques ou fournir des balcons à quelques citoyens ; celles qui portaient des armoiries avaient été mutilées ou impitoyablement brisées ; les vitraux ne présentaient plus que des débris ; les sacristies étaient encore occupées par la garnison, logée dans le couvent des Dominicains ; le clocher, ramené à des proportions plus conformes au niveau républicain, était veuf de ses cloches ; tous les ornements et vases sacrés, dont les commissaires, nommés par les Allobroges, avaient fait un inventaire si *consciencieux*, en 1792, étaient allés grossir les trésors de la nation ; les fondations en faveur du culte, les ressources pour l'entretien des églises et du clergé avaient sombré dans la tourmente.

En attendant que l'église de Saint-Dominique pût s'ouvrir au culte, l'autorité diocésaine avait réglé que les Offices des deux paroisses se feraient en commun dans l'église de Saint-Pierre, et que les prêtres qui les desservaient alterneraient pour les instructions de la messe paroissiale. Il n'eût pas été possible de trouver à Annecy une autre église pour y faire les Offices paroissiaux : l'église de la grande Visitation appartenait au protestant Fazy, de Genève ; celle de la Collégiale était un immense bahut où étaient remisées les ménageries ambulantes, une forge, des voitures. Celle de Saint-Pierre, qui avait servi au culte constitutionnel de l'intrus Panisset, était dans un état convenable ; mais on étouffait dans un vase si restreint. Il y avait donc la plus impérieuse urgence à activer les réparations de l'église de Saint-Dominique, pour le service religieux de la paroisse de Saint-Maurice.

En attendant qu'un règlement de fabrique eût été concerté entre l'évêque et le préfet, les paroisses avaient des administrateurs provisoires, présidés par le maire. Le préfet du Mont-Blanc, M. Verneuilh, avait désigné, par arrêté du 17 messidor an XI (7 juillet 1803), les fabriciens provisoires des églises d'Annecy; ce furent les citoyens Durand, Deffresne, Curtet, Rosset, Jacquet et Armenjon ; ils se mirent diligemment à l'œuvre et tentèrent de créer quelques ressources pour les premiers besoins.

Le 6 fructidor (24 août), le jour même de l'installation de M. Bouvet, les deux curés furent invités à se rendre au sein du conseil des fabriciens provisoires, avec voix consultative. Voici comment M. Pierre Perréard, secrétaire, raconte cette séance dans le Recueil des actes de ce conseil : « Le président, organe de l'admi-« nistration (c'était le maire, M. Brunier), les a « accueillis et leur a témoigné, non-seulement « la satisfaction qu'elle en éprouve, mais aussi « le vif empressement qu'elle aura de les possé-« der et de mettre à exécution leurs utiles « conseils.

« Les citoyens Chevalier et Bouvet ont assuré « les fabriciens de leur estime et du désir qu'ils « ont de concourir avec eux à la plus grande « prospérité de ce nouvel établissement et ont « siégé parmi eux. »

Sur l'avis de M. Bouvet et l'observation d'un fabricien, le maire fut prié d'inviter le citoyen Garbillon et les autres locataires de l'église de Saint-Dominique d'évacuer les effets qu'ils y avaient déposés. M. l'architecte Dunant fut prié de dresser le devis des réparations à exécuter dans cette église. Déjà la municipalité avait protesté n'avoir aucun fonds à appliquer à ces réparations ; on arrêta, en conséquence, dans la même séance (6 fructidor), qu'il serait fait une collecte pour concourir à ces dépenses ; les citoyens Durand, Duffresne et Armenjon furent priés de s'en charger. A l'instant, M. le maire Brunier verse entre leurs mains une somme de soixante francs; mais ce généreux fonctionnaire ne s'en tint pas là, et, le 8 thermidor an XII, il éleva son offrande au chiffre de mille francs.

Quelques jours après cette mémorable séance, où s'annonce si visiblement le réveil du sentiment religieux, la démolition du jubé fut adjugée à Claude Chagnon. Le 29 fructidor an XI, les fabriciens arrêtèrent qu'il sera établi, dès l'entrée de l'église jusqu'au chœur, un pavé construit de planelles, en forme de trottoir. On jugea avec raison que ce pavé serait économique et durable, puisqu'on y devait employer les pierres tombales qui étaient encore en bon nombre dans l'église. Ce trottoir existe encore dans le même état.

Le même jour, le garde-magasin militaire reçut de l'inspecteur du génie l'ordre de remettre aux fabriciens les clefs de la sacristie, à condition qu'ils feraient murer les portes qui communiquaient à la caserne.

Le 11 nivôse an XII (3 janvier 1804), les fabriciens passent une convention avec le menuisier Balleydier; pour la somme de huit cent quarante francs, il s'engage à céder et à placer dans le chœur de l'église les stalles, chaire et diverses autres boiseries, provenant du ci-devant séminaire.

Le 22 décembre 1803, M. Bouvet, qui avait terminé la collecte, en l'assistance de deux fabriciens, en déposa le montant en séance. Hélas! malgré la religieuse générosité de ses paroissiens, cette quête n'arriva qu'à une somme d'environ cinq cents francs ; le numéraire avait disparu. D'ailleurs, le faubourg de Bœuf, qui formait une grande partie de la paroisse, avait vu la moitié de son aile droite réduite en cendres dans la nuit du 12 au 13 septembre précédent.

Les réparations se poursuivaient activement et simultanément. Lombard, de Thônes, plaça des vitraux neufs ; Duclos, Delétraz et Balleydier travaillaient sans relâche au sous-pied de l'église ; la toiture fut mise dans un état meilleur ; les boiseries du chœur, provenant du séminaire, les beaux reliefs qui forment le pourtour du sanctuaire, la riche chaire avec la statue qui la supporte furent placés alors et demeurent encore comme des monuments de sculpture ; on hissa sur le vieux maître-hôtel en stuc un tabernacle acheté de l'aubergiste Jean Terrier.

« La modicité des ressources, marque M. Bou-
« vet, a empêché de proportionner les répara-
« tions à la beauté du vase, et on a été forcé de
« se borner au strict nécessaire et d'employer,
« malgré leur disproportion, bien des objets,
« tels qu'on a pu se les procurer de côté et
« d'autre.

« Ces réparations ont été ordonnées et diri-
« gées, pour la plus grande partie, par les fabri-
« ciens, soit marguilliers d'Annecy, savoir : pour
« lors, Antoine Brunier, maire ; Claude-Marie
« Durand, Antoine Deffresne, Antoine Curtet,
« Jean-Guillaume Armenjon, Philippe Rosset et

« Jean Jacquet, outre le secrétaire de la fabri-
« que, Pierre Perréard. »

M. Bouvet et ses paroissiens étaient dans une
légitime impatience de voir enfin leur église
ouverte au culte ; cette affluence des fidèles de
toute la ville, agglomérés dans le vase si resserré
de Saint-Pierre, surtout pendant les trente jours
que venaient de durer les exercices du jubilé,
avait montré l'urgente nécessité d'une séparation.

« Quoique ces Messieurs les fabriciens, con-
« tinue M. Bouvet, aient déployé, pour accé-
« lérer lesdites réparations, tout le zèle, toute
« l'activité et toute l'industrie dont ils étaient
« capables, cependant il n'a pas été possible
« de commencer les fonctions paroissiales dans
« l'église de Saint-Maurice avant le premier
« dimanche de carême, le 19 février 1804, jour
« de l'entrée solennelle et édifiante dans cette
« église. »

Pour se faire une idée du bonheur du bon
curé en ce jour, si impatiemment attendu, il
faut se rappeler la joie de Jacob, lorsque, après
tant de travaux, il obtint enfin sa chère Rachel,
ou celle de Josué entrant dans la terre promise,
après laquelle il avait soupiré si longtemps.
« Aussi, poursuit M. Bouvet, ce jour-là, le pain
« bénit fut offert par le révérend curé. »

Ce fut comme le repas de ses noces avec son
église et comme les saintes agapes qu'il voulut
célébrer avec sa nouvelle famille. Ce fut là une
inspiration touchante et paternelle ; aussi, dès
ce jour, les bénédictions du ciel et l'affection de

ses paroissiens lui furent plus visiblement acquises.

Le jubilé qui venait d'avoir lieu avait produit un mouvement déclaré de retour vers la pratique de la religion ; la grâce de Dieu d'un côté, l'expérience qu'on venait de faire pendant dix ans d'une société d'où l'on avait voulu bannir Dieu, avaient opéré la plus salutaire réaction religieuse ; d'ailleurs, le Premier Consul, malgré les *points noirs* qu'on remarquait dans les *articles organiques*, se montrait favorablement disposé pour l'Église. Quels qu'aient pu être les motifs secrets qui déterminèrent le Concordat et la cérémonie du sacre impérial, on ne peut méconnaître l'effet religieux produit sur les masses par de telles mesures. Il était évident aux yeux de tous que la religion n'était plus persécutée ni même simplement tolérée, mais que, au contraire, elle était hautement favorisée et invoquée par le chef de la nation française. Heureuse la France, heureux lui-même, si une ambition toujours croissante et servie par un génie extraordinaire ne l'eût plus tard égaré dans de fatales entreprises ! Mais, sans anticiper sur notre récit, convenons que l'année 1804 fut une époque grandement réparatrice.

Le 17 novembre de cette même année, le pape Pie VII arriva à Chambéry avec un cortège nombreux, se rendant à Paris pour l'auguste cérémonie du sacre de Napoléon Ier. M. Bouvet n'eut garde de manquer une aussi favorable occasion de témoigner son religieux dévouement au chef suprême de l'Eglise : il accourut à Chambéry, où il reçut bien des félicitations pour sa belle conduite pendant la Révolution. Ce qui lui fut plus sensiblement agréable, c'est l'honneur qu'il eut d'être choisi, avec trois autres confesseurs de la foi, pour porter un des bâtons du dais qui couvrait Sa Sainteté, à l'arrivée et au départ. Il rentra tout heureux à Annecy pour continuer l'œuvre de la restauration religieuse de sa paroisse.

M. Bouvet avait appris par expérience quelles précieuses ressources les Confréries offrent pour réveiller la foi et alimenter la piété. Aussi, dès son installation à Annecy, avait-il tourné son attention vers la restauration de ces pieux établissements ; il fut en mesure de répondre, avec pleine connaissance, aux questions que l'autorité diocésaine lui adressa de Chambéry, le 28 mars 1804. Mais Annecy, formant désormais deux paroisses, il convenait qu'un concert s'établît entre les deux curés au sujet des confréries.

Il en existait six avant la Révolution : celle du Saint-Sacrement, celle du Saint-Rosaire, celle du Sacré-Cœur, celle du Saint-Suffrage, celle de Saint-Pierre, martyr, et celle des Pénitents noirs.

Or, par une réponse collective, du 12 mai 1804, à Mgr de Mérinville, les deux curés exposent leurs désirs et leurs vues. Le 17 mai suivant, une ordonnance épiscopale décida que la Confrérie des Pénitents noirs demeurerait *provisoirement* attachée dans son intégrité à l'église de Saint-Pierre, et celle du Saint-Sacrement à l'église de Saint-Maurice ; la Confrérie du Saint-Rosaire doit être établie dans les deux paroisses ; celle de Saint-Pierre, martyr, fut de nouveau attachée à l'église de Saint-Maurice, et celle du Saint-Suffrage fut d'abord affectée à l'église de Saint-Pierre ; mais un autre décret du 16 juin suivant rapporta cette détermination et rétablit cette confrérie dans l'église de Saint-Maurice. Quant à la confrérie du Sacré-Cœur, dont les deux curés n'avaient point parlé dans leur rapport collectif, M. Bouvet, par un décret du cardinal Caprara, daté de Paris, le 17 juin 1804, obtint de l'établir dans son église.

Toutes ces confréries commencèrent à fonctionner en 1804, sauf celle du Sacré-Cœur, qui ne fut installée que le 13 juin 1805. M. Bouvet composa et fit imprimer un petit Manuel à l'usage des associés. Cet opuscule respire une piété affectueuse et la plus pure doctrine sur ce qui fait l'objet et le fond de ce culte. Chacune de ces associations avait son trésorier et son secrétaire, qui tenait ses catalogues et ses livres de compte. Les assemblées avaient leurs jours fixes ; chaque membre tenait à honneur d'en faire partie ; on y voyait pourtant des gens de toutes classes. Nos vieillards aiment encore à raconter quel religieux entrain, quelle émulation pour le bien fut le fruit de ces pieuses institutions. Elles contribuèrent efficacement à la régénération morale de cette population, si longtemps déshéritée de la religion.

A côté de ces établissements exclusivement

religieux, M. Bouvet songea à faire revivre d'autres institutions, qui avaient un but social autant que religieux : il s'agissait des corporations des états et métiers. Il comprenait, ce bon curé, combien l'égoïsme et la concurrence, poussés jusqu'à certaines extrémités, deviennent de redoutables dissolvants sociaux, des sources de haine, quelquefois héréditaires, et de ruines souvent irrémédiables. Pour prévenir ces tristes résultats, il favorisa l'établissement ou la résurrection de ces corporations ; il les anima de l'esprit d'union et de charité ; mais, pour en assurer les fruits et en conjurer les écarts, il les plaça sous la sauvegarde de la religion. Chaque corps d'état avait sa fête patronale, qui se célébrait solennellement à l'église avec sermon et bénédiction du Saint-Sacrement. Un joyeux repas maintenait entre tous les membres une fraternelle concorde et resserrait les liens de la charité mutuelle. Le lendemain, un service funèbre était célébré pour les membres défunts ; ainsi chacun avait sa part dans ces saintes agapes. C'est ainsi qu'Annecy vit avec bonheur reparaître les corporations des marchands, des tailleurs, des charpentiers et menuisiers, des maçons, des forgerons, des laboureurs, des cabaretiers, des cordonniers et des journaliers. Quelques-unes de ces édifiantes institutions subsistent encore ; elles servent à nous faire regretter celles qui ont disparu et à nous convaincre qu'il n'est aucune de nos institutions modernes, sociétés mutuelles ou philanthropiques, qui puissent nous dédommager de la perte de celles que la religion avait consacrées.

Si l'on joint, à tous ces moyens, le précieux concours que prêtaient à ce zélé pasteur des vicaires comme MM. Pasquier et Dépommier, tous deux hommes de science et de zèle, le ministère des sacrements et de la parole prodigué et rehaussé par l'éclat d'une vie apostolique, la parfaite entente des deux curés de la ville, et, mieux que cela, un courant inusité de grâces et de bénédictions divines, on sera moins surpris que, en si peu de temps, la face religieuse d'Annecy ait changé si favorablement. M. Bouvet était là, avec son zèle prudent et éclairé ; comme Esdras et Néhémie, il travaillait sans relâche à la restauration religieuse de son peuple, dirigeant ou fécondant tout, se mêlant à tout, comme l'âme à la matière, actif et invisible comme elle, s'effaçant devant les mérites d'autrui, mais surtout devant la main de Dieu, à qui il attribuait tous ses meilleurs succès.

Tels sont les traits les plus saillants qui signalèrent les premières années de M. Bouvet dans sa paroisse de Saint-Maurice.

CHAPITRE VI

Fabrique épiscopale. — Translation de sainte de Chantal dans l'église de Saint-Maurice. — Cloche de Notre-Dame au clocher paroissial. — Résurrection de la fondation Buaz pour les catéchismes des pauvres, — de la fondation de Sales, pour prédication du Carême. — Démêlés et règlements financiers. — Attitude de M. Bouvet au milieu de ces tractations. — Traditions sur le B. Guillaume d'Orlié.

Depuis l'année 1803 jusqu'à l'année 1806, ce que l'on remarque de plus saillant en M. Bouvet, avons-nous dit, c'est son zèle et ses succès dans la restauration de la foi et des mœurs au milieu de sa paroisse. Dans la période qui va suivre, on remarquera spécialement sa dextérité dans les affaires et un vrai talent d'administrateur.

Nous avons vu que, en 1803, les curés n'avaient que voix consultative dans les assemblées des fabriciens provisoires; leur initiative et leur influence étaient donc assez restreintes. Il est vrai que la droiture et les lumières incontestées de M. Bouvet ne tardèrent pas à lui conquérir un ascendant marqué sur l'esprit des membres de cette fabrique, et qu'il eut lieu de rendre hommage à leur *zèle*, à leur *activité*, à leur *industrie* dans l'exercice de leurs fonctions.

Nous avons remarqué aussi qu'il n'y avait alors à Annecy qu'une seule fabrique pour les deux paroisses ; cet état de choses était de nature à produire quelques tiraillements ou à paralyser les meilleures intentions. Il était donc à désirer que chaque paroisse eût sa fabrique et que l'élément ecclésiastique y fût représenté plus efficacement que par une voix consultative.

C'est ce qui venait d'avoir lieu par l'installation des fabriques épiscopales, créées par mandement du 10 juillet 1804. Celle de Saint-Maurice fut organisée le 25 janvier 1805 et fut composée de M. Bouvet, membre-né avec voix délibérative, de MM. Carron J., Dupuy D., nommé président; Dépollier J.-P., Fs Favre, J. Jacquet, M. Presset, F. Rosset, Henri Crozet-Mouchet, Ant. Deffresne et J. Martel. C'était un Conseil dont tous les membres étaient aussi animés des meilleures intentions et dont M. Bouvet eut toujours à se louer. Quoiqu'il n'exerçât sur ces assemblées aucune prépondérance de droit, il l'exerçait cependant, tout naturellement, par la haute confiance qu'il inspirait. Mais toujours cet homme modeste cherchait à s'effacer et à laisser aux autres membres le mérite des plus utiles motions; il faisait tout, dirigeait tout, mais sans laisser apercevoir sa main.

Mgr de Mérinville, qui était venu à Annecy

le 27 septembre, pour y faire une visite pastorale, et qui avait pu s'édifier par lui-même et sur place de tout ce qu'il avait entendu raconter des œuvres de M. Bouvet, avait conçu pour lui la plus sympathique estime; il ne lui en épargna pas les témoignages. Mais, peu de temps après, ce vénérable prélat se démit de son évêché et Mgr Yves de Solles lui succéda au printemps de 1805.

Le 20 mai de ladite année, M. Bouvet reçut l'avis que les reliques de la bienheureuse de Chantal seraient transportées de la maison Amblet, où elles avaient été si religieusement gardées, dans l'église de Saint-Maurice. Ce bon curé fut tout heureux de cette nouvelle. Sans doute, il eût attaché plus de prix encore à celles de saint François de Sales; mais il comprit que la place naturelle du saint évêque était l'église même de Saint-Pierre, qui lui avait pendant plus de vingt ans servi de cathédrale. Conseil de fabrique, municipalité, population, il mit tout sur pied, afin de préparer à l'illustre sainte, dont les restes devaient honorer son église, « un « sanctuaire, sinon magnifique, comme il con- « viendrait, du moins aussi décent et aussi « riche que le permettront les ressources dis- « ponibles. » La fabrique lui confia l'exécution des mesures à prendre. Il n'est genre de démarches qu'il ne tentât pour obtenir une des châsses, encore existantes, où reposaient autrefois les reliques de la sainte, et l'autel en marbre dressé autrefois dans l'église de la Visitation et sur lequel avait reposé la Mère de Chantal. Son premier désir se réalisa, et le second, quoique plus difficile, puisqu'il fallait traiter avec le protestant Fazy, eût aussi abouti, si, en y regardant de plus près, on n'eût remarqué les altérations et les écornures graves que cet autel avait subies par son déplacement. On passa une convention avec des stucateurs tessinois, qui dressèrent, pour le prix de quarante louis d'or de France, l'autel en stuc qui devait recevoir la châsse de la bienheureuse de Chantal.

Ce n'est pas ici le lieu de raconter les fêtes religieuses d'Annecy, à l'époque de la vérification et de la translation des saintes reliques, en 1806. Il en fut écrit des relations circonstanciées. M. Bouvet rédigea pour lui et ses successeurs un manuscrit détaillé, dans lequel déborde la sainte joie qui le possède. Il est impossible de le lire sans se sentir attendri à chaque page; nous en publierons de longs extraits ailleurs (1).

Mgr de Solles, qui n'avait pas tardé, à son tour, à apprécier le mérite de ce curé, passa deux jours chez lui; il fut à sa table, d'abord le 29 mai, avec les deux familles de Sales, les autorités constituées et les notabilités ecclésiastiques; ensuite, le 30, jour où Sa Grandeur venait de confirmer, à Saint-Maurice, environ mille personnes des deux paroisses et de l'archiprêtré de Menthon, qui n'avaient pu être confirmés en 1804. Ce dîner présenta un caractère plus intime. « Monseigneur voulut bien, « marque M. Bouvet, admettre à sa table les

(1) *Souvenirs hist. d'Annecy,* pp. 570 et suiv.

« quatre courageux chrétiens qui ont sauvé les
« reliques, ainsi que M. le notaire Callies. Au
« dessert, Mme Amblet est entrée avec ses quatre
« fils et sa demoiselle, qui ont tous reçu de
« Monseigneur les plus affectueuses caresses.
« Monseigneur, par un sentiment de sa bonté
« et au nom de la reconnaissance publique, a
« promis de soigner ces quatre jeunes gens... »

« Il ne faut pas oublier, continue M. Bouvet,
« que, au moment où l'on allait emporter la
« châsse de saint François, pour l'exposer dans
« la chapelle, la fille aînée de M. Amblet, âgée
« d'environ douze ans et qui s'appelle Gaspa-
« rine, adressa à Monseigneur un discours,
« d'un ton aussi attendri qu'attendrissant.
« Monseigneur demanda copie de ce discours,
« qui a touché tous les assistants jusqu'aux lar-
« mes, et il a voulu qu'il fût de suite imprimé
« à ses frais (1). »

Le vendredi, 30, après dîner, Monseigneur
partit pour Faverges et Ugine ; le mercredi
suivant, il vint encore coucher chez M. Bouvet,
avec M. Rey, son secrétaire et ancien ami de
l'Oncle Jacques.

« Le lendemain, Mgr de Solles partit pour
« Chambéry, fort satisfait d'Annecy et empor-
« tant l'estime, l'amour et la vénération de tous
« ceux qui ont eu le bonheur de le voir.

« En témoignage et comme monument de
« leur reconnaissance, les deux curés d'Annecy
« ont fait présent d'un reliquaire en argent,

______

(1) Voir dans les *Souvenirs d'Annecy*, pp. 578-79.

« contenant des particules d'ossements du saint
« et de la sainte, aux personnes suivantes : à
« Mgr de Solles, à ses deux grands vicaires
« MM. de Thiollaz et Bigex, à M. Paul de Sales,
« à Mlle Pauline de Sales, à M. Callies, notaire,
« à M. Rochette, dit *la Sonde*, à M. Amblet, à
« M. Burquier et à M. J.-D. Balleydier. »

Pour ne rien omettre de ce qui se rapporte à ces mémorables évènements, citons encore M. Bouvet, qui continue à ne parler de lui qu'à la troisième personne.

« Le grand empressement, pour ne pas dire
« la précipitation, avec lesquels tout se faisait
« au moment de la translation des saintes reli-
« ques, furent cause que le corps de sainte
« Chantal fut placé à contre sens dans la châsse,
« c'est-à dire la tête où devaient être les pieds,
« et encore sur des coussins mal arrangés. La
« châsse d'ailleurs ne fermait point d'une ma-
« nière sûre. Le comble ne tenait au coffre que
« par deux bandes de tresse en fil, aux deux
« extrémités desquelles le sceau épiscopal avait
« été apposé. La moindre imprudence pouvait
« rompre ou décacheter ces bandes ; les rats pou-
« vaient également les couper et anéantir ainsi
« l'authenticité de la relique... »

Il fut remédié à cette situation des choses, le 10 septembre 1806, avec toutes les autorisations requises, avec toutes les précautions et les garanties désirables, enfin avec tout le respect que comportait cette cérémonie.

Ce ne fut pas la seule fois que l'on ouvrit la châsse de la Bienheureuse, pendant le séjour de vingt ans que ses précieux restes ont fait dans l'église de Saint-Maurice. En 1818, on remplaça la visagère en cire que portait la sainte par une autre visagère en argent, que Mlle de Sonnaz, dame Leblanc, avait fait confectionner à ses frais. On peut voir, aux notes, les cérémonies, formalités et garanties de cette opération.

Il n'existait à Annecy qu'un seul clocher qui eût des cloches au beffroi, c'était celui de la collégiale de Notre-Dame de Liesse. La tour de la cathédrale n'avait pas encore son puissant bourdon. Toutes les cloches, au fort de la Terreur, étaient descendues de leurs tours pour être fondues en canons et en gros sous. La grosse cloche, qui enrichit encore la tour romane de la Collégiale, avait été épargnée pour être affectée à une destination purement civile ; elle avait été sécularisée pour annoncer les assemblées municipales et les sinistres (1).

Or, ce gros bourdon avait une sœur, qui ne lui était inférieure en gravité que d'un ton majeur. Au lieu d'aller à la fonderie, cette seconde cloche gisait, dédaignée, au pied de la

(1) Pour les fêtes du Doctorat de saint François de Sales, en 1878, cette cloche a été refondue par les frères Paccard avec une notable augmentation de métal ; elle est d'une tierce mineure plus grave que le bourdon de la cathédrale. Elle a été bénite le 21 août 1878, sous le nom de *Francisca Salesiana*, par S. E. le cardinal Caverot, archevêque de Lyon, au milieu d'un immense concours de fidèles d'Annecy et de pèlerins. Le lendemain, jour inoubliable du 22 août, ce magnifique bourdon, du haut de la tour de Notre-Dame, chantait de sa puissante voix la gloire du Docteur Savoisien.

5

tour de Notre-Dame. Quoiqu'elle eût été privée de son battant, de ses colombettes et de son joug ; quoiqu'elle eût même subi quelques écornures sur les lèvres, elle n'avait cependant reçu aucune mutilation essentielle.

Pendant que cette cloche demeurait ainsi négligée et silencieuse, les deux paroisses d'Annecy étaient obligées de faire sonner leurs offices au clocher de Notre-Dame. Les sonneurs devaient constamment passer et repasser par une partie de cette pauvre église collégiale, sécularisée et profanée. Que des glas ou des carillons pour le service des paroisses vinssent à coïncider, il arrivait parfois des retards, des murmures, des rixes. Il devenait donc urgent de sortir d'une pareille situation.

Ce fut alors que M. Bouvet fit une motion aux fabriciens de Saint-Maurice et s'occupa ensuite d'un recours légal auprès des autorités compétentes pour obtenir que la cloche en question fût placée à la tour de Saint-Maurice. Mais la même demande venait d'être formulée par la fabrique paroissiale de Saint-Pierre. La question devenait dès lors délicate à traiter. Cependant, il y avait des principes sur la matière ; c'était à qui motiverait le mieux la justice légale de ses réclamations.

M. Bouvet se hâta de rédiger et de présenter un mémoire, dans lequel, non content de rappeler les démarches que la fabrique avait déjà faites dans ce but et l'accueil favorable que la municipalité leur avait fait, il s'applique à établir les droits de son église ; il les appuie sur un décret impérial de l'an XIII, qui attribue les biens non aliénés des collégiales aux fabriques des églises dans l'arrondissement desquels ils sont situés; puis il établit que cette cloche n'a-vait pas été aliénée, et, enfin, que l'ancienne collégiale de Notre-Dame se trouvait comprise dans le territoire de la paroisse de Saint-Mau-rice, telle qu'elle avait été délimitée par le titre d'érection du 16 thermidor an XI. Ces raisons étaient péremptoires. Aussi, la municipalité d'abord, puis la préfecture, par arrêté du 17 février 1807, décidèrent que la cloche en ques-tion serait abandonnée à l'église de Saint-Mau-rice. La remise en fut faite légalement, le 25 février de la même année.

L'heureux résultat de cette affaire causa la plus vive joie au bon curé et à ses paroissiens. Toutefois, cette cloche ne put être installée dans la tour de Saint-Maurice que dans le courant de l'automne suivant. « Ce placement, marque « M. Bouvet, occasionna une dépense de cin-« quante louis d'or, tant pour les réparations « préalables à faire au clocher que pour buriner, « ferrer, armer cette belle cloche.

« Autour d'icelle est écrit : *Mentem sanctam* « *spontaneam. Honorem Deo et patriæ libera-« tionem,* 1561. D'un côté est gravée une croix, « au bas de laquelle est l'étoile, armoirie de la « Collégiale ; à l'opposite, autre croix, soit cru-« cifix, au bas duquel on lit : *Franciscus Ser-« mandus Burmensis Vallis Stellinæ me fecit,* « d'où pend un médaillon aux armes des « princes de Nemours. On voit encore gravé

« sur cette cloche un lézard et un saint Antoine,
« titulaire de Notre-Dame. »

Dès lors, cette cloche n'a cessé d'occuper la place d'honneur à la tour de Saint-Maurice ; elle y est comme un vieux témoin d'un passé trois fois séculaire ; elle a assisté aux grands évènements de notre histoire ; elle a vu les diverses occupations ou annexions françaises, l'invasion et le massacre des Espagnols, l'épiscopat de saint François de Sales ; elle vibrait déjà à la fin du Concile de Trente, et, il y a vingt-quatre ans, elle annonça l'ouverture du Concile du Vatican ; elle a vu passer bien des générations et disparaître un grand nombre de familles nobles et opulentes. Dieu seul sait ce qu'il lui est réservé de voir encore.

M. Bouvet ne se contenta pas des discours ou des enseignements que pouvait faire entendre sa grande cloche ; il jugea qu'il fallait y joindre l'enseignement par la parole.

Dans ce but et sans préjudice de l'instruction religieuse qu'il prodiguait à son peuple, il s'appliqua, dans la même année (1807), à faire revivre une pieuse fondation, faite en 1765 par M. le chanoine Buaz, insigne bienfaiteur d'Annecy, sa patrie, « lequel, après avoir réfléchi et con-
« sidéré que, malgré toutes les instructions qui
« se font en la présente ville, les pauvres d'icelle
« ignorent les principaux articles et devoirs du
« chrétien... ; pour les engager de s'y rendre
« plus assidus à l'avenir, a donné et donne, à
« titre de fondation perpétuelle, aux révérends
« seigneurs administrateurs de la bourse des

« pauvres prêtres de ce diocèse de Genève...,
« la somme de 8,840 livres...

« Et ce a fait le R^d sieur Buaz, à la charge et
« condition que, après sondit décès, lesdits
« révérends seigneurs administrateurs feront
« faire par le révérend prêtre épistolaire de la
« cathédrale le catéchisme... aux pauvres de
« cette ville....., et délivreront, à la fin de cha-
« cun desdits catéchismes, sept livres dix sous
« auxdits pauvres qui y assisteront, afin de les
« engager à s'y rendre toujours plus assidus... »

Cette pieuse institution avait déjà fonctionné trente-six ans avec beaucoup de fruit, quand éclata la révolution en Savoie. Dès lors, les titres et capitaux Buaz furent affectés aux hospices d'Annecy. Cet état de choses dura quatorze ans, pendant lesquels l'ignorance religieuse n'avait fait que s'invétérer davantage. En juin 1806 parut un décret impérial pour le rétablissement des œuvres pies dont les fonds n'avaient pas été aliénés.

Le moment était favorable ; M. Bouvet le saisit avec empressement. Après s'être concerté avec M. Chevalier, curé de Saint-Pierre, et en avoir référé aux membres de sa fabrique assemblée, il rédige lui-même un Mémoire sur l'intéressante question Buaz, en trace l'historique et présente une combinaison, suivant laquelle les pauvres des deux paroisses seraient catéchisés par leurs prêtres respectifs et ensuite gratifiés en argent avec les revenus de la fondation Buaz.

Accueilli favorablement par la Commission des hospices d'Annecy et ensuite par l'évêque diocésain, Mgr de Solles, ce projet aboutit pleinement ; aussi, dès le commencement de l'année 1808, on vit, après une interruption de quinze ans, recommencer ce catéchisme des pauvres des deux paroisses, ainsi que les distributions en argent, suivant le mérite des pauvres qui le fréquentaient.

Il faisait beau voir le vénérable Oncle-Jacques, *docteur en théologie et ès-droits*, se faire petit avec ses pauvres, leur enseigner le chemin du ciel, puis ensuite tirer de sa barette des pièces de menue monnaie, les distribuer à ses enfants, comme des arrhes des trésors célestes qu'il leur annonçait. Il aimait cet exercice, ne se déchargeait pas volontiers sur ses prêtres du soin de faire ce catéchisme, et, vingt ans plus tard, cet exercice apostolique avait encore pour lui le charme des premiers jours. Pourquoi a-t-il fallu qu'une œuvre si utile, si populaire, si sacrée, ait subi plus tard une déviation qui l'a dénaturée ? Espérons qu'il nous sera donné de la voir renaître avec son caractère primitif et pour des besoins plus impérieux aujourd'hui que jamais.

Une autre œuvre, qui a des analogies avec la précédente et dont pour cela nous anticipons le récit, c'était le rétablissement de la fondation pour la prédication du Carême. Ce ne fut qu'après la Restauration que M. Bouvet eut réuni assez de données pour pouvoir espérer le succès d'une telle entreprise.

Voici l'origine de cette œuvre : L'an 1662, noble François de Sales, feu Louis, neveu et filleul du saint évêque, le même à qui, en 1665, le pape Alexandre VII adressa un bref bien flatteur, céda à la ville d'Annecy une somme de sept mille florins, pour faire prêcher annuellement la station du Carême dans l'église de Saint-Dominique, à la charge par la ville de fournir l'entretien et l'honoraire du prédicateur, ainsi qu'une redevance, aussi désignée dans le titre constitutif, pour service de sonnerie, soit pour droit de fabrique. Cette fondation fut approuvée par bulle du même Alexandre VII, du 22 novembre 1662, et entérinée au sénat de Chambéry, le 28 février suivant.

Pendant le laps de cent trente ans, l'administration de la ville avait été fidèle à servir cette rente, en allouant au prédicateur et à la sacristie les deux sommes déterminées dans l'acte de la fondation. Mais 92 intervint et amena une interruption de plus de vingt ans dans ce service. Après le rétablissement du culte, les fabriques respectives des paroisses d'Annecy s'imposaient pour cette œuvre et alternaient la prédication du Carême. Cette dépense était lourde pour des fabriques pauvres, qui avaient tant de choses à créer ou à restaurer avec leurs seules ressources. On se rappelait que, avant la Révolution, il existait une fondation de Sales pour le Carême ; mais le titre avait péri ou s'était égaré ; on ignorait la date, les conditions et la teneur de l'acte constitutif. M. Bouvet eût bien désiré faire revivre cette fondation ; mais il ne pouvait rien affirmer avec précision, et comment élever une réclamation de cette importance, sans la motiver en droit?

Cependant l'intérêt religieux de sa paroisse parle ; il sait que l'administration communale possède un exemplaire authentique du titre et il présume qu'elle ne voudra pas méconnaître une obligation dont elle a la preuve entre les mains.

Aussi, le 27 août 1818, il adresse en toute confiance à M. le syndic d'Annecy une lettre dont voici la substance : Ce magistrat est prié de vouloir bien se concerter avec le Conseil de ville, à l'effet de remettre en activité la fondation *existante* pour le Carême ; l'*honneur* de la ville, l'*avantage* des habitants y sont intéressés ; l'occasion est favorable, attendu qu'un prédicateur renommé serait disponible ; le suppliant s'assure d'autant plus du *succès de sa demande* que cette fondation se trouve entre les mains du Conseil de ville et forme la première de ses dettes.

On reconnaît à cette lettre un homme qui s'avance timidement sur un terrain dont il n'est pas sûr ; il tâtonne ; il invoque les motifs de l'*honneur* et de l'*intérêt ;* il fait même une sorte d'appel à la conscience ; mais il n'articule aucun droit catégorique ; il parle de dettes et de fondation ; mais il ne peut citer ni le nom du fondateur, ni la date, ni la teneur de l'acte, ni la quotité due, ni aucune des circonstances du titre.

Le Conseil de ville ignorait-il le texte de la fondation ou attendait-il que la réclamation de M. Bouvet, devant peser sur les finances communales, énonçât les preuves d'un droit précis, suivant ce principe, que c'est à celui qui revendique un droit à l'établir ? nous l'ignorons. Quoi qu'il en soit, voici la réponse qui survint :

« Annecy, le 4 septembre 1818. — Monsieur,
« j'ai reçu la lettre que vous m'avez fait l'hon-
« neur de m'adresser, le 27 du mois dernier,
« concernant l'honoraire d'un prédicateur pour
« le Carême. — Je me suis empressé de soumet-
« tre vos observations au Conseil de cette ville,
« qui a ajourné sa délibération sur cet objet. —
« Je partage avec vous les motifs intéressants
« qui ont dirigé vos démarches, tendant à un
« bien réel.

« Recevez, Monsieur, etc... *Le syndic*, X. »

M. Bouvet vit dans cette réponse un délai, mais non une fin de non-recevoir. Il attendit près de quatre mois, sans recevoir aucune communication de l'arrêté qui aurait été pris par le Conseil, au sujet de sa demande.

Enfin, le 21 décembre 1818, il renouvela sa démarche, en ces termes :

« Monsieur le syndic, j'attends avec impa-
« tience le résultat de la délibération à prendre
« par le Conseil de cette ville, relativement au
« prédicateur du Carême. Nous touchons à cette
« heureuse époque : il est temps de chercher le
« prédicateur, l'intervalle est peut-être déjà
« trop court pour la préparation dont il a
« besoin.

« La station du Carême, fournie par une voix
« étrangère, est trop honorable et avantageuse

« à notre ville pour qu'un Conseil aussi reli-
« gieux qu'éclairé ne s'empresse pas de con-
« courir au rétablissement d'une telle insti-
« tution.

« Je vous prie, en conséquence, Monsieur le
« syndic, de remettre cet objet sous les yeux
« du Conseil et de l'appuyer de toute votre
« influence, surtout lorsqu'il s'agira de la for-
« mation du budget pour 1819.

« Vous voudrez bien faire porter sur le même
« budget la plus grande somme possible,
« à·compte des arrérages qui me restent dus.
« L'état de mes affaires me force de vous en
« faire la prière.

« Plein de confiance en vos bons offices, j'ai
« l'honneur, etc.   Signé : BOUVET. »

En conséquence de cette seconde lettre, le
Conseil de ville prit, le 3 janvier 1819, l'arrêté
suivant : « M. le syndic donne lecture au Con-
« seil de deux lettres de M. le curé de l'église
« paroissiale de Saint-Maurice de cette ville,
« tendant à charger la ville des frais de la pré-
« dication du Carême.

« Le Conseil, — avant de se livrer à l'examen
« des questions préliminaires à cet objet, —
« attendu que tous les revenus actuels de la
« ville ont leur emploi déterminé, arrête qu'il
« n'y a lieu à délibérer.

« M. le syndic est prié de faire part, par écrit,
« à Monsieur le curé du regret qu'éprouvent
« les membres du Conseil de ne pouvoir secon-
« der ses pieuses intentions. »

Le bon curé fut très peiné à la réception de ce

message; on ne l'avait pas habitué à de semblables procédés. Si on lui eût répondu : *Etablissez
vos droits*, il aurait vu, dans cette réponse,
plus de loyauté, surtout plus de légalité. En
jurisconsulte qu'il était, il aurait reconnu qu'il
allait s'embarquer dans un procès dont l'issue
ne pouvait lui être favorable. Mais il croyait
savoir que l'acte constitutif était dans les archives de la ville et que l'administration le connaissait. C'est pourquoi l'arrêté précité parut, à
l'âme honnête de M. Bouvet, porter un caractère d'improbité quant au fond, et de dédain
quant à la forme.

Pourtant, il ne se borna pas à mettre ce
déplaisir au pied de la croix ; il résolut de lutter
contre le refus ou la fin de non-recevoir qu'on
lui opposait. Mais, comment s'y prendre ? il ne
pouvait engager une action sans l'acte de la fondation, et il ne l'avait pas. Il ne le trouverait
pas au bureau d'insinuation, institution postérieure à la date du titre supposé. La commune
le possédait ; mais comment espérer qu'elle
consentirait à livrer cette arme contre elle ?

Mais le curé avait entendu plusieurs vieillards répéter que le fondateur de la station du
Carême était un des anciens seigneurs de Sales.
Cette donnée lui suffit : il part pour le château
de Sales à Thorens, auprès de Mme la marquise
Pauline de Sales, qui professait pour lui une
grande estime ; il l'intéresse à une œuvre qui a
dû être fondée par un de ses nobles ancêtres et
qui a pour objet le bien des âmes. La marquise
a gardé quelque souvenir vague d'avoir ouï

parler de cette fondation; on compulse les archives du château et on trouve enfin un double authentique du titre constitutif.

Désormais, M. Bouvet pouvait agir; il adresse une requête à M. le juge-mage, afin que son greffier fût commis pour délivrer une expédition authentique de l'acte de fondation. Ainsi fut fait, et voilà M. Bouvet nanti d'une arme décisive.

Il est bien vraisemblable qu'une nouvelle instance auprès de la municipalité l'eût trouvée mieux disposée; mais le temps pressait; on en était au 2 février; un nouveau recours au Conseil de ville pouvait entraîner de nouveaux délais et peut-être un nouveau déboire. Que fit-il? Après s'être concerté avec son collègue M. de Rolland, qui avait déjà pris part verbalement aux tractations précédentes, il écrivit à Monsieur l'intendant une lettre dans laquelle, après avoir résumé l'historique de la question et de leurs démarches, il ajoute : « C'est à cette « fin que le curé de Saint-Maurice, de concert « avec son collègue, a adressé à Monsieur le « syndic deux lettres, sous date des 27 août et « 21 décembre derniers.

« Le résultat en a été une espèce de délibé- « ration, prise par le Conseil, le 4 janvier pro- « che passé, dont nous joignons ici un extrait.

« Vous ne manquerez pas, Monsieur l'inten- « dant, d'être, comme nous, surpris du ton de « légèreté ou de dédain avec lesquels le Conseil « a traité une des dettes les plus sacrées de la « ville et un des objets les plus dignes de sa « sollicitude.

« Il nous en coûte, Monsieur, de déférer cet
« arrêté du Conseil à l'autorité supérieure, et il
« serait extrêmement pénible pour nous, si nous
« étions obligés de recourir plus loin.

« Nous vous prions donc, Monsieur l'inten-
« dant, de vouloir bien interposer votre auto-
« rité et toute votre influence pour ramener les
« membres du Conseil à des sentiments plus
« conformes à la justice et aux avantages des
« habitants d'Annecy. Nous ne doutons pas que,
« sous vos auspices, la chose ne puisse s'arran-
« ger d'une manière satisfaisante.

« Dans cette confiance, nous avons l'hon-
« neur, etc.

« Signés : *Les curés d'Annecy*, ... »

« Monsieur l'intendant, marque M. Bouvet,
« doit avoir référé de tout à S. E. le ministre
« des finances. — En attendant, le Conseil de
« ville, par délibération du 5 avril 1819, ap-
« prouvée par Monsieur l'intendant, le 6, a
« alloué une gratification de deux cents francs
« au prédicateur, le P. Eugène, et cent francs
« pour le curé de Saint-Maurice qui l'a nourri. »

Cette détermination fut accueillie avec bonheur par M. Bouvet ; mais, comme elle ne présentait encore qu'un caractère transitoire, il dut
être plus heureux encore de voir que Monsieur
l'intendant général des royales finances déci-
dait, le 7 avril du même mois, dans le sens de la
réclamation des curés. Dès lors, le budget de la
ville a constamment porté l'allocation ténorisée
dans le titre de la fondation, et l'entente se rétablit. Voilà comment, après dix-huit mois de

patientes tractations, M. Bouvet vit se terminer cette délicate affaire.

Le digne M. de Rolland, curé de Saint-Pierre, eut un amer déplaisir, que M. Bouvet eût bien désiré lui épargner : l'administration de la ville décida que, à teneur du titre, les prédications du Carême, payées par la ville, n'auraient lieu que dans l'église de Saint-Dominique. « Je sens que c'est une humiliation et une mortification que l'on a voulu me procurer, » écrit-il à M. Bouvet, en lui laissant pour l'avenir le soin de chercher le prédicateur de la fondation. Nous ne croyons à aucune intention blessante pour ce vénérable curé ; seulement, il a eu contre lui la *lettre qui tue.* Du reste, les relations réciproques des deux curés ne subirent pas le moindre refroidissement.

Nous avons dit précédemment que M. Bouvet, s'adressant à M. le syndic, l'avait prié de lui faire parvenir de forts acomptes, réclamés par l'état de ses affaires. Malgré l'ordre et la vigilance que M. Bouvet déployait dans les affaires, il s'était endetté pour sa fabrique, afin d'accélérer les travaux des réparations. Le 14 janvier 1809, la fabrique paroissiale de Saint-Maurice lui devait, tant à lui qu'à d'autres créanciers, une somme de plus de sept mille francs. Le 4 mai 1808, elle avait adressé à la mairie une demande de subside, accompagnée de cent vingt-trois pièces justificatives. Le 14 mai, la municipalité décida qu'il serait accordé à la fabrique de Saint-Maurice un subside de douze cents francs. Cette somme était évidemment disproportionnée et le payement en était encore entravé par des conditions infiniment dilatoires. La situation n'était plus tenable : la fabrique, obérée comme elle l'était, ne trouvait plus ni fournisseurs ni ouvriers qui voulussent continuer à la servir ; ses membres étaient las de s'engager personnellement ou d'avancer des fonds dont le recouvrement ne leur paraissait plus assuré. M. Bouvet avait emprunté, se confiant à la Providence et sur le concours de la mairie. Mais ses créanciers, inquiets, réclamaient le remboursement de leurs sommes. Force fut donc à M. Bouvet et à sa fabrique d'entreprendre une lutte administrative contre l'administration communale.

« En conséquence, porte le registre de la « fabrique, Monsieur le préfet fut instamment « prié de donner les ordres qu'il jugerait conve- « nables dans sa sagesse, pour que la mairie « d'Annecy fît verser au plus tôt dans la caisse « de la fabrique la somme de 7,562 francs, mon- « tant de son déficit justifié. »

Outre les pièces justificatives, ce dossier renfermait un long Mémoire, rédigé par M. Bouvet, résumant la situation financière de son église, dès l'année 1804. Ce travail, trop volumineux pour trouver place ici, est un monument d'habileté administrative, surtout pour une époque où les attributions respectives des fabriques et des municipalités, au sujet des dépenses du culte, n'avaient pas été précisées, comme elles le furent plus tard, par le décret du 30 décembre 1809.

Ce recours n'eut pas tout le résultat que M. Bouvet s'en promettait; mais, du moins, Monsieur le préfet, ensuite de la vérification des dépenses et de la lecture du Mémoire, constata que la fabrique de Saint-Maurice avait droit à un remboursement plus considérable que celui qu'offrait la municipalité; elle fut reconnue et déclarée sa créancière pour une somme de plus de trois mille francs, payable en deux ans.

On croira peut-être que des soins si appliquants, dont la nature semble être de dessécher ou d'aigrir l'âme, devaient attiédir la piété et le zèle du digne curé, ou altérer l'aimable jovialité de son caractère. Ce serait étrangement se méprendre sur les dispositions habituelles de cet homme si bien doué. Jamais on ne le voyait plus jovial, plus serein et, en même temps, plus adonné aux soins de son âme ou aux devoirs de sa charge, qu'au milieu de l'action ou même de la contradiction; il y paraît comme dans son élément.

Du reste, chacun rendait hommage à la droiture et à la pureté de ses intentions; jamais on ne le vit agir par les inspirations froides de l'intérêt ou de l'amour-propre; il avait le zèle de la maison de Dieu et du salut des âmes; mais ce zèle, allumé au foyer divin et semblable au feu du buisson ardent, n'avait rien de dévorant. Sa bonté si expansive, sa simplicité, sa loyauté, sa droiture, faisaient qu'on le plaignait dans ses déplaisirs; qu'on craignait de le désobliger ou qu'on lui pardonnait ses triomphes; on savait combien il était modeste dans le succès et éloigné de tout sentiment de rancune ou de vengeance, après les échecs ou les mortifications qu'il avait à subir. Il suffisait qu'on eût pu le désobliger ou le contredire, pour qu'on pût se promettre de sa part les meilleurs offices et le plus cordial dévouement. Son âme, inaccessible au fiel et au ressentiment, ne s'ouvrait qu'au plaisir d'obliger. Si son apostolat, pendant la Révolution, avait pu rappeler aux Chablaisiens le zèle tendre et affectueux de saint François de Sales, à leur tour, les habitants d'Annecy purent se convaincre que cet aimable saint avait un fidèle imitateur de sa charité et de sa douceur dans la personne du bon Oncle-Jacques.

Ce fut vers cette époque qu'il s'appliqua à rendre à la vénérable mémoire d'un grand serviteur de Dieu un lustre que la Révolution et vingt années d'oubli lui avaient en partie ravi. Pendant son séjour au grand séminaire d'Annecy, il avait entendu raconter des merveilles du vénérable d'Orlié, qui jouissait d'une sorte de culte religieux ; c'est pourquoi, devenu curé de Saint-Maurice, il jugea convenable d'exhumer et de consigner toutes les traditions qui se rattachaient à cet admirable ermite. Voici un précis de celles qu'il a recueillies.

Guillaume d'Orlié, membre de la noble et très ancienne maison de ce nom, avait renoncé aux grandes espérances du monde pour se faire religieux. En 1446, il entra dans le couvent des Dominicains d'Annecy, où il devint un merveilleux modèle de pénitence et des vertus ascétiques. Désirant vaquer uniquement à la contemplation des vérités éternelles et à la recherche des biens célestes, frère Guillaume, après quelques années passées au couvent, obtint de ses Supérieurs la permission de se retirer dans l'ermitage de Cengle, près d'Allèves ; il s'y livra aux plus rigoureuses mortifications de la chair, ceignant son corps d'une rude chaîne et d'un cilice en fer, qui lui serrait les reins comme un étau. Il mourut en cette solitude, le 19 février 1458. Sa dépouille fut rapportée en son couvent, où sa famille avait un caveau dans le chœur de l'église.

Il arriva, pendant ce long parcours de trois lieues, une chose bien surprenante : c'est que les cierges allumés autour de son cercueil ne s'éteignirent ni ne diminuèrent point. Les instruments de pénitence, trouvés dans sa grotte ou sur sa personne, furent aussi apportés au couvent, où ils furent conservés dans un reliquaire, comme un trésor précieux. Les peuples accouraient en foule à son tombeau, l'appelant *Bienheureux*, et invoquaient sa protection ; des faveurs signalées furent obtenues, dont des procès-verbaux, soigneusement rédigés alors, firent foi. On cite, entre autres, une religieuse Clarisse, nommée Catherine Du Foux, et un chirurgien de Pontarlier, nommé Jean Tornier, qui obtinrent, sur le tombeau du serviteur de Dieu ou en l'invoquant, une guérison que l'opinion publique jugea miraculeuse.

Le volumineux recueil des grâces et faveurs obtenues par l'intercession du vénérable Guillaume d'Orlié a péri en 1793, comme un monument de fanatisme et de superstition. On sauva, néanmoins, la ceinture de fer et le tableau, très ancien, représentant le Bienheureux à genoux aux pieds de la Vierge, portant une auréole autour de sa tête nue et *une face grandement humide et mortifiée*, selon que parlait un imprimé en placard, placé sur son tombeau, dont M. Durand, ancien imprimeur et un des premiers fabriciens en 1803, avait pris copie avant 1793.

Le 26 janvier 1643, Mgr dom Juste Guérin permit qu'on publiât et mît en lumière, pour la plus grande gloire de Dieu, des antiennes, répons et oraison, dits du bienheureux d'Orlié.

Tous ces religieux objets et souvenirs nous ont été conservés par la diligence de M. Bouvet. Aujourd'hui encore, ils sont exposés à la pieuse vénération des fidèles dans l'église de Saint-Maurice d'Annecy, sur l'ancien caveau funéraire de la famille d'Orlyé, où le Serviteur de Dieu fut inhumé en 1458. Les Dominicains sont en recours à Rome, pour obtenir la reconnaissance de son culte.

CHAPITRE VII

L'invasion en 1814. — Attitude prudente de M. Bouvet, — détails qu'il donne. — Chute de Napoléon. — Erection du diocèse d'Annecy. — Mgr de Thiollaz, premier évêque. — Fêtes, — remarquable compliment de M. Bouvet. — Nouvelle délimitation des paroisses d'Annecy ; — déplaisirs de M. Bouvet. — Il est tout entier à ses nouveaux paroissiens. — Résurrection du premier Monastère de la Visitation, à Annecy. — Reconstruction du clocher de Saint-Maurice. — M. Bouvet s'endette, — change de logement, — est accablé d'infirmités et d'années.

Pendant que M. Bouvet se livrait avec un zèle patient et éclairé aux devoirs de son ministère et aux œuvres de restauration religieuse, il survint de graves évènements en France et en Europe. Les victoires de Napoléon avaient enflé son ambition ; depuis son couronnement, il s'était cru inébranlablement assis sur le trône impérial de France. Alexandre, en mourant, distribuait des royaumes à ses généraux ; Napoléon, de son vivant, distribuait des couronnes aux membres de sa famille. Ses bonnes dispositions envers le Saint-Siège ne s'étaient pas soutenues. Non content d'exercer sur Rome un protectorat qui ressemblait à la domination, il en fit un fief de sa couronne et un département français. Pépin avait donné, Charlemagne avait confirmé au pape les États de l'Église et la royauté de Rome ; Napoléon le déposséda de ses États, donna le titre de roi de Rome à son fils au berceau, pendant que le légitime souverain de Rome était conduit prisonnier à Fontaine-bleau. L'Église gémissait ; c'était le règne de la force ; ce n'était pas la persécution sanglante ; c'était une main de fer au service d'une volonté de fer. Cet état de violence dura plusieurs années, en s'aggravant.

La Providence vint au secours de l'Église et des peuples : la désastreuse campagne de Russie avait anéanti l'armée et le prestige du conqué-rant ; il se formait dans le nord une formidable coalition pour achever de l'abattre ; malgré des prodiges de valeur et de génie, Napoléon devait succomber.

M. Bouvet, en spectateur chrétien, considérait la suite des évènements ; il avait acclamé le Concordat comme une grande mesure répara-trice ; il reconnaissait que Bonaparte avait par là bien mérité de l'Église et de la religion ; mais il n'avait pas tardé à apercevoir de regrettables déviations. Sa prudence le tint toujours à l'abri de tout entraînement irréfléchi ; il se confina dans les fonctions de son ministère, prêcha la soumission aux autorités constituées, refoula au fond de son âme ses souvenirs ou ses aspirations politiques ; mais il se montra toujours pasteur jaloux de la liberté et des intérêts de l'Église. *Il avait pris* la part la plus filiale aux douleurs de son chef; il attendait en gémissant et en priant l'heure de la délivrance.

Quand les alliés envahirent la France, il redoubla de prudence et demeura étranger à toute manifestation de préférence politique. Ce n'est pas que l'on doutât de ses sentiments. Il avait eu, en 1792, une solennelle occasion de se prononcer pour l'annexion de son pays à la France ; nous avons vu qu'il vota contre cette annexion, et il n'avait prêté aucun serment à la nation. Mais il avait appris de l'expérience, autant que de saint Paul, que le *ministre de Dieu* doit rester étranger aux affaires de ce siècle.

D'ailleurs, dans le moment où la victoire trahissait l'Empire, il n'eût été ni généreux ni patriotique d'être insensible à ses revers.

Aussi, dans le petit Recueil, sous forme d'annales, dans lequel il consigne les évènements qui se précipitaient en 1814 et en 1815, on ne trouve aucune trace de passion politique. Il cite des faits, des noms propres ; mais il ne se livre à aucune appréciation.

Du reste, nous allons en extraire quelques fragments, qui présenteront un intérêt historique pour notre patrie, en même temps qu'ils nous feront juger de M. Bouvet comme annaliste.

« Dans le courant de ce mois (décembre 1813),
« les troupes des souverains d'Allemagne alliés,
« soit coalisés contre la France, ayant traversé
« la Suisse, une colonne se dirigea sur Genève

« et entra dans cette ville, le 30 dudit mois,
« sous la conduite de Bubna, général autrichien.
« De là, une colonne s'est dirigée sur la Savoie,
« par Cruseilles et par Frangy. Elle est entrée
« à Annecy le 18 janvier, après-midi, et a filé sur
« Chambéry, où elle est entrée le 20 avant midi,
« et, tout cela, sans éprouver aucune résistance...

« De même, le général Dessaix, de concert
« avec le préfet du Mont-Blanc, ayant réuni
« quelques troupes du côté de la Maurienne et
« de Barraux, força les Autrichiens à evacuer
« Chambéry et les harcela tout le long de la
« route. Leur quartier-général arriva à Annecy
« le 22 février (1814). Dans la nuit du 22 au 23,
« ils battirent la générale, et, au matin, ils se
« portèrent à la rencontre des Français jusqu'à
« Alby, où on a commencé à se fusiller et à se
« canonner sur les huit heures. On continua
« ainsi tout le jour ; les Autrichiens reculèrent
« pied à pied ; ils arrivèrent vers la porte du
« Sépulcre à Annecy, entre quatre et cinq
« heures du soir, et, après un choc assez opiniâ-
« tre, ils continuèrent leur retraite par le pont
« Saint-Joseph et par la rue et le faubourg de
« Bœuf, tiraillant tout le long et continuant de
« se battre vers Notre-Dame de Pitié et par les
« Fins, jusqu'à ce que la nuit mît fin au combat.
« Il y eut de part et d'autres quelques hommes
« de tués et un plus grand nombre de blessés,
« parmi lesquels un major autrichien eut une
« cuisse fracassée par un boulet et fut emporté
« chez M. le médecin Despine, où il a été soi-
« gné. Il s'appelle Meyer.

« Le lendemain, les Français se reposèrent
« à Annecy, et, le surlendemain, ils partirent
« pour poursuivre les Autrichiens du côté de la
« Caille et de Cruseilles, jusqu'au-delà d'Arve.
« Il y eut sur cette route des actions assez
« vives, surtout en bas du Châble. On a amené
« les blessés à Annecy et successivement beau-
« coup de malades.

« Ledit jour, 24 février, sur les huit heures
« du soir, éclata un incendie dans une maison,
« soit poterie, appartenant à M. Decoux et
« située Derrière-Bœuf... Comme on a beau-
« coup tiraillé et même lancé des obus auprès
« de cette maison, on soupçonna que quelques
« bourres de fusil ou éclat d'obus se sont
« attachés au couvert de cette maison, fait de
« chaume.

« Dans la nuit du 22 au 23 mars suivant, l'ar-
« mée française, qui était à Carouge, s'est repliée
« sur Annecy et sur Rumilly. La colonne diri-
« gée sur Annecy y est arrivée le 23 après-midi,
« y a bivouaqué cette nuit, et le 24, avant jour,
« a filé sur Alby. Dans le courant de cette jour-
« née, il est arrivé une colonne autrichienne
« sous les ordres du général Zechmeister. Le
« 25, au matin, les Français sont venus l'atta-
« quer et l'ont repoussée au-delà de la Caille. Il
« y a eu des morts et des blessés. Un obus a mis
« le feu à une maison de M. Veuillant, auber-
« giste, située à l'entrée du faubourg de Bœuf...

« Le combat a commencé du côté de Sac-
« conge ; on s'est battu tout le long de la ville

« et on est arrivé aux Fins sur les dix heures. Il
« y a eu plusieurs prisonniers autrichiens.

« Les Français sont revenus à Annecy le 26
« et s'y sont reposés.

« Dans la nuit du 26 au 27, ils se sont repliés
« encore, les uns par les Beauges, les autres par
« Alby, et, le 27 au soir, le général Zechmeister
« est rentré à Annecy avec sa troupe autri-
« chienne, fort irritée contre les habitants
« d'Annecy, sous prétexte que, lors de leurs
« retraites précédentes, des particuliers de cette
« ville leur avaient tiré des coups de fusil ou
« lancé des pierres, et que d'autres, s'étant
« armés spontanément, s'étaient joints aux
« Français contre eux. On voulait incendier la
« ville. »

M. Bouvet ne marque pas, mais la reconnaissance des habitants se souvient encore que ce
désastre fut épargné à leur ville par les prières
que portèrent au général autrichien trois personnages bien choisis : l'abbé de Saint-Marcel,
précepteur des princes de Savoie; M. le docteur
Despine, médecin de Meyer, et M. Bouvet, qui,
dans l'Assemblée des Allobroges, n'avait pas
voté pour l'annexion à la France.

« Cette nuit, continue M. Bouvet, du 27 au 28,
« s'est passée au milieu du tumulte et du pillage,
« dans les faubourgs surtout et aux environs ;
« ce qui a plongé tout le monde dans la désola-
« tion et l'effroi, et beaucoup de petits particu-
« liers dans la misère.

« Le 11 avril, après dix heures du soir, au son
« des boîtes, de la musique et des cloches, et à

« la lueur des flambeaux, il a été publié en
« grande pompe, par Annecy, de la part du
» comte Bubna, que la prise de possession de
« Chambéry avait été faite au nom du roi de
« Sardaigne ; que Napoléon avait abdiqué; que
« Louis XVIII avait été proclamé roi de
« France, etc. En réjouissance de tous ces évè-
« nements, il y eut, le lendemain mardi, grande
« fête civile et religieuse, etc...

« Pie VII rentrait à Rome le jour même que
« Napoléon signait son abdication.

« Par le traité signé à Paris, le 30 mai, entre
« la France et l'Autriche, une partie de la
« Savoie se trouve cédée et laissée à la France,
« sous le nom de Mont-Blanc, comprenant
« Chambéry, Annecy, Rumilly, etc.

« 1815. — Le 26 février, Napoléon est sorti
« avec quelques troupes de l'île d'Elbe; a débar-
« qué le 1er mars entre Antibes et Fréjus ; est
« arrivé à Grenoble le 7 au soir ; à Lyon le 10,
« d'où il est reparti le 13 pour Paris, où il est
« entré sans aucun obstacle. — Les Bourbons
« se sont retirés à son approche. — La plus
« grande partie de l'armée française s'est réunie
« à Napoléon, qui a régné cent jours, au bout
« desquels il a été conduit à l'île de Sainte-
« Hélène.

« Sur la fin de cette année, le roi de Sardaigne
« a recouvré le restant de *sa* Savoie. »

On doit remarquer le cachet d'exactitude et
de clarté, le ton consciencieux de modération
et d'impartialité avec lesquels M. Bouvet *trace*
ses Mémoires historiques.

Mais tous ces changements politiques, bien qu'au fond il n'y demeurât point insensible, l'émurent moins que l'évènement religieux dont nous allons encore recueillir le récit de sa plume.

« Évêché d'Annecy.

« Quelle époque pour cette ville ! notre saint
« Père le Pape VII, par sa bulle *Sollicita Ca-*
« *tholici gregis*, du 15 février 1821, a créé et
« établi un siège épiscopal dans la ville d'An-
« necy et un Chapitre cathédral, composé de
« dix chanoines effectifs et de deux chanoines
« honoraires, avec voix active et droit de suf-
« frage, ès-personnes des deux curés d'Annecy,
« de Saint-Pierre et de Saint-Maurice.

« Cette bulle d'érection de l'évêché d'Annecy
« a été fulminée, soit publiée, par Mgr Irénée-
« Yves de Solles, archevêque de Chambéry, à
« ce commis par le Saint-Siège. La lettre de
« fulmination est datée de Chambéry, le 20 no-
« vembre 1822. L'église actuellement parois-
« siale, sous le vocable de Saint-Pierre ès-liens,
« est assignée pour servir, en même temps,
« d'église cathédrale, comme le palais neuf,
« attigu à icelle, est assigné pour le palais épis-
« copal.

« La lettre de Mgr de Solles, renfermant la
« bulle d'érection, a été lue et publiée dans
« l'église de Saint-Pierre, le 1er janvier 1823,
« par M. l'abbé Deloche, chanoine archidiacre
« de l'église métropolitaine de Chambéry, à ce
« député par Mgr l'archevêque, en l'assistance

« de toutes les autorités de la ville et des habi-
« tants.

« La portion du diocèse de Chambéry, qui
« forme le nouveau diocèse d'Annecy, se trou-
« vant, par cette publication, soustraite à la
« juridiction de Monseigneur l'archevêque, Mgr
« Claude-François de Thiollaz, nommé évêque
« d'Annecy par notre souverain, élu et con-
« firmé par Sa Sainteté, a pris, quoique non
« sacré, l'administration de son diocèse et l'a
« annoncé à ses diocésains par son premier
« mandement, daté d'Annecy, le 29 janvier
« 1823.

« Le 27 février, Monseigneur a ouvert le
« séminaire diocésain, dans l'ancien local, et y
« a appelé tous les étudiants en morale, au
« nombre d'environ quatre-vingts, sous la
« direction et supériorité de M. Neyre, ex-curé
« de Thonon.

» Le 16 avril, Mgr de Thiollaz est parti pour
« Turin, où il a été sacré, le dimanche 27 du
« même mois, par Monseigneur l'archevêque de
« Turin, assisté de Mgr Bigex, évêque de Pi-
« gnerol, et de Monseigneur Mossi, évêque
« démissionnaire, et le dimanche suivant, 4 mai,
« il a fait prendre possession de son évêché, de
« la cathédrale et du palais épiscopal par
« M. l'abbé de Rolland, curé de Saint-Pierre.
« C'est M. l'abbé Saint-Marcel, ancien chanoine
« de l'église cathédrale de Genève, qui a été
« commis pour le mettre en possession.

« Le 6 juin, jour de vendredi, Mgr de Thiollaz,
« revenant de Turin, a fait, entre dix et onze

« heures du matin, son entrée solennelle dans
« sa ville épiscopale, par la rue du Sépulcre et
« de Sainte-Claire, et est allé en droiture des-
« cendre dans son palais, où il a reçu la visite
« et les compliments de toutes les autorités de
« la ville.

« Les deux curés de la ville ont été le prendre
« à Alby ; plusieurs autres ecclésiastiques les
« ont accompagnés ou se sont trouvés sur la
« route ; une cavalcade de jeunes gens lui est
« allée au devant jusqu'à Sacconge ; le corps
« des pompiers a attendu Sa Grandeur hors la
« porte du Sépulcre, et Sa Grandeur, depuis les
« Fourches surtout, a marché, comme triom-
« phalement, entre deux haies de fidèles, pros-
« ternés pour recevoir sa bénédiction, et témoi-
« gnant leur joie et leur enthousiasme par
« toutes sortes d'acclamations.

« Le soir, illumination générale. La façade
« des églises était magnifiquement décorée.
« Le séminaire a fait jouer un superbe feu
« d'artifice, auquel on répondait par des fusées
« dès le Pâquier. Monseigneur a eu la bonté de
« se montrer et de parcourir toutes les rues.
« Partout, sa présence ranimait l'allégresse et
« provoquait des vivats et des chants de joie. »

Quoique M. Bouvet n'en parle pas, on remar-
qua, surtout devant l'église de Saint-Maurice,
un transparent exécuté par M. le vicaire Naz
et dans lequel se trouvait enchâssé ce seul mot :
Enfin ! laconique expression d'un sentiment
général.

Ensuite le bon curé transcrit, et peut-être

a-t-il composé lui-même, quelques couplets analogues à la circonstance, « où le sentiment, « avoue-t-il ingénument, l'emporte sur la « poésie. »

Mais, ce que nous ne résistons pas au plaisir de citer en entier, c'est « le petit discours, « comme il l'appelle, adressé à Monseigneur, « dans son palais, par le curé de Saint- « Maurice. »

« Monseigneur,

« Les époques auxquelles se rattache le bon- « heur des peuples se font toujours longtemps « attendre. Le monde soupira pendant quarante « siècles, avant de voir paraître le Sauveur qui « lui avait été promis. Il y a quarante ans, « Monseigneur, que ce diocèse poussa ses pre- « miers soupirs vers l'évènement qui comble « aujourd'hui nos vœux. Lorsque l'héritage de « saint François de Sales, après avoir passé « entre les mains des Jean d'Arenthon, des Ros- « sillon, des de Chaumont, parvint à celles de « Jean-Pierre Biord, nous osions déjà espérer « qu'il serait ensuite confié aux vôtres. La Pro- « vidence en juga autrement, et, pour adoucir « nos regrets, sans nuire à nos espérances, elle « nous donna encore les Paget, les de Mérin- « ville, les de Solles. Ah ! sans doute, l'histoire « de notre pays consacrera notre reconnais- « sance pour ces vénérables prélats. Mais enfin, « vous voilà, Monseigneur ! et nos cœurs, en ce

« jour, ne sauraient se livrer à d'autre sentiment
« qu'à celui de notre bonheur.

« C'est à travers des vicissitudes sans nombre
« que vous nous êtes rendu. Nos alarmes, nos
« vœux vous ont suivi dans les prisons, dans
« l'exil, dans toutes les régions qui vous ont
« accueilli : J'ose le dire, Monseigneur, nos
« vœux vous ont ramené : ils étaient trop
« ardents, trop légitimes; ils ont été trop cons-
« tants pour que le ciel ne les exauçât pas. Et
« même, à cette époque encore récente, où la
« crainte que vous éprouviez, mais que per-
« sonne ne partageait, sur vos propres forces,
« vous faisait lutter, pour ainsi dire, contre la
« bonté de l'auguste souverain qui vous avait
« choisi pour nous, ah ! Monseigneur, qu'il me
« soit permis de le dire, ce sont nos vœux qui
« l'ont emporté, et le Seigneur, qui tient tous
« les cœurs entre ses mains, a tourné le vôtre
« vers nos besoins à cause de nos prières.

« Vous nous appartenez donc, Monseigneur,
« à tous les titres : vous êtes notre guide, notre
« pasteur, notre père; mais aussi nous sommes
« vos ouailles, votre peuple, vos enfants. Prê-
« tres et fidèles, cœurs et volontés, tout est à
« vous, et notre amour, comme notre soumis-
« sion, vous payeront à l'envi le sacrifice que
« vous avez fait de votre repos à notre bonheur.

« Sans doute que, après tant de ravages et de
« destructions; il y a mille choses à faire ou à
« restaurer ; mais que n'avons-nous pas à atten-
« dre, Monseigneur, quand nous voyons tout ce
« que, en si peu de temps, l'activité de votre

« zèle a pu opérer! Ah! si le beau jour qui vient
« de luire sur ce diocèse offre déjà tant de mer-
« veilles à son aurore, que sera-ce, Monsei-
« gneur, si le ciel exauce, comme nous n'en dou-
« tons point, le seul vœu qui nous reste à
« former, celui de multiplier vos années, afin
« que vous puissiez créer et consolider tout ce
« que votre grand cœur nous prépare.

« J'ai vu jadis les beaux jours de ce diocèse;
« j'ai désiré de les voir renaître avant de
« mourir : mes vœux sont accomplis, et, quand
« la tombe s'ouvrira sous mes pas, je dirai avec
« confiance au souverain Pasteur, dont les
« grands évêques sont une image si parfaite :
« Je meurs en paix, *quia viderunt oculi mei*
« *salutare tuum.* »

Quels souvenirs évoqués! quels évènements
accomplis! quels personnages en présence!
quelle restauration providentielle! Tout est
grand dans ce *petit discours*. Images, pensées,
sentiments, style : tout concourt à faire de cette
harangue un morceau parfait dans son genre :
la foi et le cœur y parlent un langage éloquent.

« Enfin, continue M. Bouvet dans son manus-
« crit, le 29 juin, après Vêpres, Mgr de Thiollaz
« a fait son entrée solennelle dans son église
« cathédrale. Le clergé est allé processionnelle-
« ment le prendre dans son palais. Arrivé à la
« porte de l'église, M. le curé de Saint-Pierre
« lui a présenté l'eau bénite, puis le crucifix à
« baiser et l'a encensé; ensuite, il l'a harangué.
« Au pied de l'autel, Monseigneur a entonné le
« *Te Deum* et a donné la bénédiction du Saint-

« Sacrement ; puis, il a été reconduit à son
« palais. Toute la ville s'est portée en foule à
« cette cérémonie.

« Cependant, Mgr de Thiollaz n'a installé le
« Chapitre de sa cathédrale que le 8 janvier
« 1825. »

Autant M. Bouvet avait éprouvé de bonheur à
voir ressusciter l'ancien diocèse de saint François de Sales, autant les suites que cette érection
allait avoir pour lui devaient péniblement l'af-
fecter. Mais laissons parler un document authentique, émané de la Cour de Rome, le 4 août
1824; voici ce que porte cette bulle, qui commence par les mots : *Vix fermè :*

« Mgr Claude-François de Thiollaz n'eut pas
« plutôt pris en main le gouvernement du dio-
« cèse d'Annecy, encore inoccupé depuis sa
« première érection, qu'il adressa à S. S. le pape
« Pie VII, d'heureuse mémoire, une supplique
« dictée par un zèle ardent et conçue dans les
« termes les plus pressants, à l'effet d'obtenir
« de l'autorité du Saint-Siège quelques modifi-
« cations aux dispositions contenues dans la
« bulle datée de Sainte-Marie-Majeure de Rome,
« le 15 des kalendes de mars 1821, et portant
« érection dudit siège épiscopal. Il lui paraissait
« que cette bulle renfermait certaines disposi-
« tions qui ne tenaient pas assez compte des
« circonstances particulières des lieux. Ces
« demandes furent mûrement examinées, mais
« elles n'eurent point de suite pendant le règne
« de Pie VII. A peine le très saint pape
« Léon XII fut-il arrivé au souverain pontificat,

« que le susdit évêque lui présenta une suppli-
« que tendant au même but. On examina de
« nouveau toutes les demandes de cet évêque,
« et, sur l'ordre de Sa Sainteté, on prit l'avis
« de S. Ex. le comte Babaroux, envoyé extraor-
« dinaire de S. M. Charles-Félix près le Saint-
« Siège. »

Il en résulta la bulle *Vix fermè*, qui, entre autres dispositions, statua deux choses, dont M. Bouvet ne pouvait éprouver que du déplaisir : la première fut l'érection de la paroisse de Notre-Dame; la seconde, ce fut la dépossession du droit de suffrage au Chapitre, droit que la bulle d'érection du diocèse attribuait aux deux curés d'Annecy. Ce n'est pas que ce prêtre, si modeste et si simple, tînt personnellement à aucune distinction ni à aucun privilège. Mais, d'en être dépouillé sur les instances réitérées et pressantes de son évêque, à l'âge de soixante-quatorze ans, quand il pouvait se rendre le témoignage de n'avoir pas démérité; quand il était à craindre qu'une pareille exclusion ne fût interprétée comme une preuve de défiance et de défaveur, capable de nuire au succès du ministère paroissial, ce devait être pour M. Bouvet un procédé pénible et amer. Mais il n'a consigné sur ce point aucune remarque, encore moins aucune doléance. Il y a donc tout lieu de croire qu'il a mis tranquillement au pied de la croix cette petite mortification.

L'érection de la paroisse de Notre-Dame devenait indispensable, dès l'instant que Mgr de Thiollaz ne voulait plus que sa cathédrale continuât à être église paroissiale. Mais combien dut être douloureux pour M. Bouvet le sacrifice qui allait en être la conséquence !

L'église de Notre-Dame, soit l'ancienne Collégiale, se trouvant située au nord-ouest de celle de Saint-Maurice, Mgr de Thiollaz crut devoir changer toute la circonscription de cette dernière paroisse. Dès 1803, elle était la paroisse d'Annecy-nord ; dès 1824, elle allait devenir la paroisse d'Annecy-sud ; elle devait pour cela pivoter sur son axe et changer diamétralement de pôle. Il en résultait que la presque totalité de ses paroissiens lui était soustraite et donnée à la nouvelle cure de Notre-Dame. En retour, on lui assigne une paroisse presque entièrement nouvelle.

Ses anciens paroissiens, il les connaissait, il les pratiquait depuis plus de vingt ans ; il les appelait tous par leur nom, les aimait et en était payé de retour. Vingt ans de zèle, de dévouement et de sacrifices communs avaient scellé entre eux des liens qui semblaient indissolubles et fait d'eux tous, pasteur et ouailles, comme une tribu patriarcale, où le bon curé jouissait d'une royauté toute paternelle. Comment, sans violence, briser ces liens, dissoudre cette famille ?

Les nouveaux paroissiens qu'on lui assignait ne méritaient pas moins son intérêt, son estime, son dévouement que ceux dont on le séparait ; ils avaient eu eux-mêmes des sacrifices analogues à faire ; ils venaient de perdre à la fois leur église, dont on avait fait une cathédrale, et leur curé, dont on avait fait un prévôt. Mais, de ses premiers paroissiens, il pouvait dire, comme saint Paul : *Je les ai engendrés dans les labeurs de mon apostolat ;* des seconds, il pouvait dire à son épouse, l'église de Saint-Maurice :

« D'où nous viennent, de tous côtés,
« Ces enfants qu'en ton sein tu n'avais pas portés ? »

Il est vrai que l'évêque proposa à M. Bouvet d'être lui-même le premier curé de Notre-Dame, où il retrouverait presque tous ses anciens paroissiens. — Ce moyen ne pouvait qu'ajouter et non remédier à ses cuisantes perplexités. — Quitter son église ! Mais il y avait plus de vingt ans qu'il l'avait épousée en en prenant possession ; il s'était endetté, sacrifié pour la mettre dans l'état décent où elle est ; divorcer avec elle, à soixante-quatorze ans ! et cela pour une église dévastée, profanée, où est installée une forge, où l'on remise les voitures et les ménageries ambulantes ! — Impossible.

M. Bouvet fit toutes les propositions et présenta toutes les combinaisons qu'il crut convenables ; il représenta combien un pareil bouleversement des paroisses à Annecy allait être préjudiciable à la paix, à la religion des habitants, au respect dû au premier pasteur du diocèse ; il osa même dire à son évêque que la circonscription projetée *provoquerait plus de malédictions qu'il ne pourrait donner de bénédictions pendant tout son épiscopat.*

Mgr de Thiollaz demeura inflexible, et, le

17 novembre 1824, il rendit solennellement une ordonnance, par laquelle il supprimait la paroisse de Saint-Pierre, érigeait celle de Notre-Dame et donnait à celle de Saint-Maurice une délimitation entièrement contraire à celle de 1803.

En adressant cette ordonnance à M. Bouvet, pour la publier au prône du lendemain, Monseigneur l'évêque lui en adoucit l'amertume par quelques paroles obligeantes. « Je suis fâché, « Monsieur, lui écrit-il, qu'il m'ait été impos-« sible de faire concorder cette nouvelle cir-« conscription avec vos vues ; j'aurais été « charmé, Monsieur, de pouvoir vous être « agréable. Mais, quoique cette séparation vous « coûte un peu, comme cela est bien naturel, « vous verrez que, lorsqu'elle aura été opérée, « tout ira bien et que vous serez content.

« Je suis, avec une respectueuse considéra-« tion, Monsieur,

« Votre très-humble serviteur,

« Signé : † C.-F., *évêque d'Annecy.* »

L'ordonnance épiscopale devait être affichée, trois jours consécutifs, à la porte de l'église de Saint-Maurice ; mais l'état des esprits exigea des précautions. « Il est à propos de la lever « chaque nuit, *afin qu'il ne lui mésarrive pas,* » recommanda M. Buttet, aumônier de Mgr de Thiollaz. Autant M. Bouvet avait cherché à détourner ces mesures, avant qu'elles fussent décrétées, autant il mit d'empressement à s'y conformer, dès qu'elles lui furent notifiées. Il ne songea point à incidenter ; il détestait les contestations et le scandale ; il fit les annonces au prône et les affiches prescrites les 28, 29 et 30 novembre, calma les esprits, administra les deux paroisses jusqu'au 7 janvier 1825, jour où l'église de Notre-Dame fut consacrée par l'évêque et où M. Tissot, son premier curé, en prit possession.

Pour se distraire de ses déplaisirs, **M.** Bouvet, l'homme de la foi, se livra tout entier à ses nouveaux devoirs. Comment, à un âge déjà si avancé, entreprendra-t-il l'administration spirituelle et temporelle d'une nouvelle et grande paroisse ? Comment se plier à une pareille étude, à de tels travaux et en espérer le succès ?

Sans s'effrayer de ces difficultés, ce bon curé, se confiant en Dieu seul, se mit résolument à l'œuvre ; il se dévoua à ses nouveaux paroissiens avec l'affection la plus touchante. A leur tour, ils ne tardèrent pas à connaître quel trésor ils possédaient dans la personne de ce vénérable curé ; ils répondirent à son zèle et devinrent pour lui d'autres enfants, d'autant plus chéris que, comme le patriarche Jacob, il les avait engendrés dans sa vieillesse. C'est ainsi que Dieu fait tout concourir à l'accomplissement de ses desseins : par cette circonscription nouvelle, d'abord si pénible au cœur du bon pasteur, la Providence a voulu qu'il fût successivement le curé de toute la ville d'Annecy ; que tous ses habitants pussent tour à tour profiter de son zèle, s'édifier de ses vertus, s'inspirer de son esprit, et aujourd'hui, à Annecy, aprés un demi-siècle révolu, aprés tant de changements divers, on retrouve encore ses traces : les mœurs, les traditions, l'esprit général de la population en gardent visiblement l'empreinte.

Pendant l'année 1825, M. Bouvet fut tout aux œuvres de son ministère ; rien ne vint le distraire de ses fonctions chéries. Confréries, état des âmes, instruction religieuse, tout fut bientôt amené à une position florissante. On ne peut se défendre d'une légitime admiration, quand on voit ce vénérable vieillard, atteint de cruelles infirmités, travailler avec un zèle aussi actif au champ du Seigneur, sans jamais regarder en arrière, sans autre désir que d'accomplir sa laborieuse tâche et de tomber dans le sillon, les mains à la charrue.

Le jubilé de 1826 vint imprimer un cachet de bénédiction et de durée à ses religieux travaux, et les fêtes de la Translation des reliques dans le nouveau monastère de la Visitation avaient encore donné à la religion un nouveau relief et un surcroît de majesté par la présence du roi et de la reine de Sardaigne, par l'assistance de dix archevêques et évêques. Si l'église de Saint-Maurice perdit les précieux restes de sa *Sainte*, elle en avait été dédommagée d'avance par la résurrection de l'Ordre de la Visitation, situé sur le territoire de cette paroisse avant la délimitation de 1824.

Dès 1820, Mgr de Thiollaz, encore prévôt du Chapitre métropolitain de Chambéry, avait acheté, du capitaine Dépolier, un champ qui devait être un nouveau *Champ d'Éphron* pour la *sépulture* des filles de saint François de Sales. Il y fit construire le monastère que nous y voyons aujourd'hui. En 1822, il avait réuni dans la maison Terrier, au Sépulcre, quatre religieuses Visitandines, sous la supériorité de Mme Victoire Vallète, rappelée de Lisbonne, où elle était allée, quarante ans auparavant, fonder une maison de l'Ordre. Ce noyau, renforcé par six religieuses venues de France, a fait son entrée solennelle dans le monastère neuf, le 2 juillet 1824.

Un mois après, le roi Charles-Félix posa la première pierre de l'église du monastère (1), et S. G. Mgr de Thiollaz la bénit. Pendant deux ans encore les religieuses de la Visitation n'eurent qu'un simple autel, provisoirement dressé dans le chœur du monastère. On voit, par ces détails, quel religieux intérêt M. Bouvet prenait à tout ce qui avait rapport à la *sainte Source*.

Les années, qui s'accumulaient sur la tête de ce vénérable vieillard, ne refroidissaient pas son zèle ni son courage. Il eût désiré donner une compagne à sa belle cloche. Il s'en présenta une occasion : la cloche de l'ancienne église de Gévrier s'étant cassée, M. Aussedat, syndic de Gévrier, la fit déposer dans l'église de Saint-Maurice. M. Bouvet la fit refondre à Quintal, au mois de juillet 1826, en y ajoutant du métal

---

(1) Elle a été entièrement reconstruite dès les années 1877 et suivantes. (*Souvenirs historiques d'Annecy*, pp. 583-584.)

nouveau, jusqu'au poids de huit quintaux métriques. Le 27 juin 1827, M. le chanoine Déjacques la bénit ; elle eut pour parrain M. l'ambassadeur de Sales, et pour marraine Mme la comtesse de Sales, son épouse, née Le Blanc.

Afin de mettre son clocher en harmonie avec son église, M. Bouvet résolut d'en exhausser la tour. De la volonté à l'action, il n'y avait qu'un pas, pour cet énergique vieillard. « En 1827, « marque-t-il, on a reconstruit le clocher de « l'église ancienne des révérends Dominicains, « dite aujourd'hui de Saint-Maurice : les murs « de la tour ont été élevés de trente-deux pieds, « et ils ont été surmontés et couverts d'un dôme « que couronne une lanterne et que domine « une belle croix en fer. »

Le total de ces dépenses a atteint le chiffre de dix-neuf mille francs. Comment y faire face ? Personnellement, ce bon curé n'avait réalisé aucune économie ; il n'avait que son mobilier et son crédit. Quel fonds faire sur la fabrique ? Depuis la Restauration, le gouvernement sarde avait supprimé le décret impérial de 1809, et, jusqu'en 1836, il n'y eut qu'un simulacre de fabrique, composé du curé du lieu et de deux ecclésiastiques de l'archiprêtré. Jamais Mgr de Thiollaz ne consentit à ce que l'élément laïque y fût introduit, et le *Manifeste* du Sénat de Savoie, en date du 22 août 1825, qui seul donnait action civile, ne fut jamais mis en pratique dans le diocèse d'Annecy. Le Conseil de ville, quoique invité à la reddition des comptes du curé, refusait d'y assister, par la raison « que la fabrique n'étant pas organisée suivant ledit Manifeste, aucun membre du Conseil de ville ne *peut* ni ne *doit* y prendre part ni la reconnaître. »

C'était là une situation très fausse ; M. Bouvet ne l'avait pas créée ; il la subissait, au risque d'en être victime ; car les travaux marchaient en son nom.

Sur la somme de dix-neuf mille francs qu'il devait, il en avait déjà payé une partie assez notable, au moyen de dons à ce destinés, d'un remboursement de sept cents francs que la ville devait encore, et de revenus ordinaires, soit excédants de la fabrique. Au mois de juin 1829, une note, fournie par M. Bouvet au Conseil de ville, accuse encore une dette de 10,272 francs.

Toute la taille de la partie neuve du clocher de Saint-Maurice provient de l'ancien monastère de Sainte-Catherine.

Un jour, que M. Bouvet avait plusieurs voituriers occupés au transport de ces matériaux, Mgr de Thiollaz, qui regrettait cette démolition et qui craignait aussi que ce brave curé ne compromît trop ses affaires, vint à passer et l'attendit. — « Or çà, Monsieur, lui dit-il, « qu'est-ce que c'est donc que ces travaux et « cette tour que vous élevez là ? — Vous le « voyez, Monseigneur, et j'espère bien que ça « ne sera pas la tour de *confusion*, quand même « tout le monde m'en menace, répondit il. — « Bah ! bah ! et si ces ruines de Sainte-Cathe- « rine vous ruinaient ? — Monseigneur, ce

« serait contre mon intention ; car je les prends
« pour *édifier*. » Le révérendissime interlo-
cuteur n'en voulut pas savoir plus long et pour-
suivit son chemin.

En 1825, M. Bouvet avait rétabli aux Mar-
quisats une croix en pierre, à la place de celle
que la Révolution y avait abattue. En 1828, il fit
encore ériger deux autres belles croix en pierre
taillée, l'une derrière le château, l'autre vers la
prairie. « Elles furent bénites par M. Déjacques. »

Dès l'année 1803, M. Bouvet était logé avec
tout son personnel dans l'ancienne maison de
M. Ruphy François. En 1806, on fit, auprès du
gouvernement impérial, des démarches actives
pour obtenir que le clergé paroissial de Saint-
Maurice fût installé dans le couvent des Dominicains, où M. Ranguis, le dernier curé avant
la Révolution, avait habité quelques mois. Ces
tentatives échouèrent.

Le 19 juin 1818, le Conseil communal adressa
au roi Victor-Emmanuel une supplique, « pour
« qu'il lui plût, par un effet particulier de ses
« grâces et de sa munificence toute royale,
« abandonner, à titre gratuit, à la ville d'Annecy,
« une petite partie de l'ancien couvent de
« Saint-Dominique..., pour être exclusivement
« affectée au logement des révérends curé et
« vicaires de l'église paroissiale de Saint-Mau-
« rice. »

Cette nouvelle démarche resta encore, pour
lors, sans résultat. Après vingt-deux ans de tractations inutiles, le Conseil de ville loua enfin,

comme presbytère, un appartement plus com-
mode et plus rapproché, dans le couvent de
l'ancienne Visitation , appartenant alors à
Mme Bloum, née Spithal, aujourd'hui au comité
de la restauration de l'ancienne église de la
Visitation.

Malgré les avantages relatifs que M. Bouvet
devait rencontrer dans ce nouveau logement, il
lui en coûtait de venir l'occuper : saint François
de Sales l'avait bâti pour ses filles spirituelles ;
elles n'en avaient été chassées que par la violence révolutionnaire ; leurs ossements avaient
reposé dans ces cellules funéraires qu'on lui
destinait pour cave ; tous ces souvenirs l'attris-
taient ; il eut besoin, pour vaincre ses répu-
gnances scrupuleuses, de se rappeler que le
pape, pour la paix des consciences et pour un
plus grand bien public, avait usé d'indulgence
envers les possesseurs de ces biens naguère
sacrés. Il céda donc, et déménagea le
24 juin 1828.

Il parcourait alors sa soixante-dix-septième
année. Quoique ses facultés intellectuelles
n'eussent point baissé, néanmoins son tempérament, par le laps des ans, par les infirmités
dont il avait contracté lo principe pendant les
épreuves de la Révolution, avait subi de graves
atteintes. Souvent, jusqu'alors, il avait ressenti
des douleurs rhumatismales et des atteintes de
goutte ; mais la force de son tempérament et
l'énergie de sa volonté ne tardaient pas à réagir
contre le mal, et bientôt on le voyait reparaître
dans son église ou autour de ses malades. Il

marchait péniblement, appuyé sur son bâton de vieillesse et faisant entendre une respiration bruyante.

On aimait à le voir reparaître ; sa présence, ses bonnes paroles réjouissaient toujours ses paroissiens ; on s'était fait un besoin de lui, et son église paraissait vide quand on ne l'y voyait pas.

Depuis 1803, lui seul rédigeait tous les registres des naissances, mariages et décès ; le 28 octobre 1829, il inscrivit encore un acte mortuaire.

Ce devait être le dernier. Dès lors, de poignantes douleurs le clouèrent alternativement sur sa couche ou sur son fauteuil ; il touchait visiblement au terme de sa carrière.

Mais, avant de fermer les yeux à ce patriarche, jetons un coup d'œil en arrière sur cette vie si pleine ; étudions plus intimement son caractère, ses habitudes privées et publiques, en un mot les vertus qui ont embelli cette longue existence sacerdotale.

CHAPITRE VIII

Résumé de cette biographie. — M. Bouvet, au physique, — au moral : sa foi et sa piété, — sa bonté et sa charité, exemples. — M. Bouvet avec les enfants, — avec ses amis, — avec ses paroissiens, avec tout le monde. — Excursion à Genève, — en Chablais. — Ses qualités sociales. — Son zèle prudent, — expansif, — ferme. — Esprit bien doué et bien cultivé. — Emplois de confiance. — Ses habitudes de travail, — d'ordre, — de jovialité, — de frugalité. — Patience dans sa maladie. — Sacrements. — Testament. — Sa mort. — Son acte de décès fait sa meilleure oraison funèbre. — Son cénotaphe.

La nature avait été généreuse envers M. Bouvet ; forte constitution, dons de l'intelligence, heureux caractère, volonté résolue, singulière aptitude à tous genres d'emplois : tout en faisait une organisation exceptionnelle ; sa physionomie même, quoique vulgaire, si on la prenait par les détails, portait, dans l'ensemble de l'expression, un cachet d'intelligence et de bonté qui prévenait en sa faveur.

Mais il n'avait pas été moins favorisé des dons de la grâce. Élevé par des parents solidement chrétiens, il avait puisé les bons principes et les bons exemples au foyer domestique. L'esprit de foi l'avait pénétré et transformé, jeune encore ; puis, insensiblement, le genre de ses études, l'enseignement de la théologie, l'intervention de Dieu, visible dans les évènements dont il avait été le témoin, l'avaient prédisposé à juger des choses à la lumière de la foi. C'est dans cette atmosphère qu'il aimait à vivre, et, de là au culte de la piété, il n'y a qu'un laisser-aller spontané : elle devient facile et douce à qui sait voir tout en Dieu et Dieu en tout. Aussi, la vie si active, si militante de M. Bouvet se conciliait-elle parfaitement en lui avec la vie intérieure et la pratique des exercices religieux. C'est même là le secret et la source de la fécondité de ses œuvres. L'âge ne parvint pas à racornir cette âme pieuse, et il conserva jusqu'à la fin la délicatesse et la sensibilité de sa dévotion.

Du reste, la piété n'était point en lui un sentiment vague de *religiosité ;* il la possédait à l'état de principe et de conviction. Pour la préserver des écueils d'une stérile *sentimentalité*, il lui donna pour règle son filial attachement à l'Église, et pour but, l'édification et le salut des âmes. Il aimait la sainte Église, la papauté, la hiérarchie, l'Eucharistie, toutes ces grandes créations de Jésus-Christ ; il aimait les âmes, ces épouses de Jésus-Christ. Prière publique, solennités religieuses, sacrements, instruction populaire : toutes les fonctions du ministère étaient pour son âme sacerdotale une sainte passion. On ne peut s'expliquer autrement l'héroïsme chrétien qu'il déploya pendant la Révolution au service de Dieu et des âmes.

C'est de cette source que découlait la charité de M. Bouvet. Cette vertu, qui s'harmonisait en lui avec la bonté native de son cœur, était comme le trait dominant de cette âme généreuse. Comme saint Paul, il pouvait dire : *Qui souffre, que je ne souffre avec lui ?* Aumônes, bons offices, complaisance, dévouement, sacrifices, c'était son exercice de chaque instant. Sa charité prenait toutes les formes, empruntait toutes les industries ; il aurait mieux aimé être exploité par une infortune feinte ou exagérée que de rester sans consolation pour un besoin véritable. Après un demi-siècle, les traits sans nombre de sa charité ne sont pas oubliés à Annecy.

Dans la matinée d'un jour très froid, un vieillard déguenillé grelottait sur le seuil du presbytère, attendant que Monsieur le curé rentrât de l'église chez lui. Dès que celui-ci aperçut le pauvre : « Je n'ai pas le sou avec moi, mon » pauvre vieux ; venez, on vous donnera la « goutte. — Eh ! mon bon Monsieur, voyez où « j'en suis avec un froid comme il fait, et il lui « montrait ses habits en lambeaux. — Ne bougez « pas et ne dites rien, reprit le bon curé, qui se « souvint de ce qu'avait fait saint François de « Sales dans un cas pareil, patience ! » Et il se blottit dans un coin de l'escalier, quitte sa culotte, la donne au pauvre en lui disant : « Tenez, « mettez-la vite, pendant qu'elle est *toute* « *chaude.* »

Un autre jour, en 1817, quand la coupe de froment coûtait 80 francs, il voit entrer chez lui une femme éplorée et exténuée de privations. Heureusement, Louise Randon, ménagère du bon curé, venait de sortir, s'apprêtant à porter au four la pâte qui était là, toute levée dans la huche. Le temps pressait : l'Oncle-Jacques verse dans le tablier de la pauvre femme autant de pâte qu'il en peut contenir et lui dit : « Allez « vite, *piamante*, porter cuire ça pour vous et « les vôtres. »

On vint une nuit sonner au presbytère. Louise va ouvrir : personne. Seulement elle aperçoit sur le seuil un panier soigneusement recouvert. Quelle ne fut pas sa surprise, quand sa main, glissant légèrement sur le panier, va réveiller et faire pleurer un petit enfant! Aux cris de l'enfant et de Louise, le curé accourt, en même temps que M. Millioz, vicaire. Tous s'approchent du petit Moïse, exposé dans sa corbeille. On cherche des indices et on trouve un chiffon qui ne portait que ces mots : *l'enfant est a curé*. L'abbé tremblait qu'on eût voulu faire une plaisanterie outrageante à son curé; mais celui-ci prend le panier, puis monte l'escalier en dorlotant et pouponnant l'enfant. « Louise, vous se- « serez la mère nourricière de ce petit. » Louise, à son tour, proteste et refuse, alléguant pêle-mêle l'impossibilité, l'inconvenance, le qu'*en dira-t-on*. — « Tu ne vaux pas la fille de l'ha- « raon; mais, pour ce soir, trouve-lui un peu de « lait. » Puis, tenant encore à la main le chiffon mentionné, il place une cédille sous le C et le

7

présente à lire à M. Millioz, qui respire enfin, lorsqu'il eut trouvé et prononcé : l'enfant est aSSuré, ce qui signifiait tout simplement que l'enfant avait été baptisé.

On rit beaucoup en ville de cette aventure ; mais, telle était la réputation de M. Bouvet que, malgré l'amphibologie de la légende, aucune plaisanterie ne fut même soulevée à son endroit.

Le lendemain, le panier fut confié et recueilli à l'hospice d'Annecy.

Quatre hommes de La Vernaz faisaient à Annecy huit jours de prison pour manquement à un supérieur. A leur insu, il leur fit parvenir quelques adoucissements. Au sortir, ils hésitaient à se présenter à lui ; mais il les invite à souper et à coucher, en leur disant : « Vous venez de faire « votre pénitence : je ne me souviens donc plus « que des services que vous m'avez rendus et « des dangers auxquels vous vous êtes exposés « pour moi pendant la Révolution. »

Il les traita paternellement, paya leurs places à la voiture publique, et, pendant qu'ils s'en retournaient en bénissant M. Bouvet, le supérieur, auquel ils avaient manqué de respect, cherchait à se faire remettre le mois de prison auquel il avait été condamné lui-même.

On ne saurait dire combien mille traits de ce genre lui avaient concilié l'amour, la reconnaissance et la vénération du peuple. Les mansardes, les réduits de l'indigence le bénissaient ; les affligés étaient assurés de trouver en lui des consolations cordiales et efficaces ; sa charité se faisait ingénieuse pour découvrir l'infortune qui se cachait, et, ce qu'il ne pouvait toujours faire par lui-même, il le faisait faire par les messagers ou les interprètes de sa charité.

Comme le divin Modèle, M. Bouvet était plein d'une religieuse tendresse pour les enfants. Ceux-ci, par un mouvement de sympathique vénération, l'entouraient, l'accompagnaient en grand nombre, dès qu'ils le voyaient dans les rues; il leur donnait une bénédiction sous forme de caresse et leur glissait quelques paroles d'édification qu'ils n'oubliaient pas. On trouve encore à Annecy bien des personnes qui parlent avec attendrissement des impressions salutaires qu'il leur laissait et de l'affection paternelle qu'il leur portait.

Il y avait en M. Bouvet un cœur droit et dévoué qui invitait à la confiance, même ceux dont il ne partageait pas ou dont il devait combattre les sentiments. Il mettait d'ailleurs à cela tant de modération et de douceur pour leurs personnes, que bientôt ils reconnaissaient et réparaient leurs torts.

Mais, qu'il rencontrât des âmes où tout concordait avec la sienne : vues, principes, sentiments, conduite, il s'opérait alors entre ces âmes une telle fusion, qu'elles ne faisaient plus ensemble qu'un cœur et qu'une âme : et voilà comment se formèrent ces importantes et indissolubles amitiés entre M. Bouvet d'une part et MM. Dubouloz, Rey, Pâquier, Ducrey, Vuarin et autres graves personnages. On a vu avec quelle déférence amicale Mgr l'évêque de Solles en usait avec lui; il reste dans nos archives des lettres de Mgr Bigex, qui toutes témoignent de la plus affectueuse estime, et voilà que, pour couronnement à toutes ces amitiés d'élite, S. Em. le cardinal Billiet vient à son tour déclarer, quarante ans après la mort de cet honorable prêtre, que « l'Oncle-Jacques était pour lui une connaissance intime, un ami. »

Certes, ce n'était pas là, on le voit, des amitiés de cabale ou de clocher. Du reste, on voyait aussi de grands personnages dans le monde s'honorer de cette amitié. M. Bouvet profitait de l'ascendant qu'elle lui donnait sur eux pour les ramener ou les fortifier dans la pratique de la religion, ou pour les intéresser à ses entreprises. Mais ses relations avec les séculiers, même les plus religieux, portaient toujours un caractère de dignité et de réserve. Les gens du peuple : voilà le milieu où il se sentait le plus à l'aise ; il parlait leur langage, s'enquérait avec le plus cordial intérêt de leurs petites affaires ; distribuait, selon la circonstance, des conseils, des encouragements, des consolations ou des secours, et les quittait emportant leurs bénédictions. Quoiqu'il fût bien éloigné de rechercher la popularité, on ne sait depuis quand Annecy n'avait pas vu un nom aussi populaire que celui de M. Bouvet, et, quand il traversait les rues, il recueillait les témoignages les plus universels du respect et de l'attachement.

Cette affabilité, qui lui conciliait les cœurs, il la pratiquait envers tout le monde. Dans les excursions qu'il faisait quelquefois à Genève, il liait volontiers une petite conversation dans les magasins, plaçait quelque innocente malice ou quelque bienveillante parole, qui déridait ces fronts souvent si rembrunis, et faisait dire, après son départ : *Tiens ! voilà un aimable curé !*

Dans un voyage qu'il fit en Chablais, avec sa domestique, qui était du Lyaud, il avait pris son *petit sifflet de voleur*. A l'entrée du Lyaud, il siffle comme autrefois... On n'en pouvait croire ses oreilles ; on accourt, on s'attroupe : c'est bien lui ! De toutes parts, la joie, les acclamations éclatent ; on l'accable de caresses, d'invitations, de questions. Il tient bon contre l'émotion qui le gagnait en voyant autour de lui des larmes d'attendrissement ; puis, prenant la parole, il leur dit que, s'il les avait convoqués avec le sifflet d'autrefois, c'était pour le plaisir de les revoir tous réunis, ne pouvant tous les revoir chez eux ; que les temps étaient heureusement changés pour la religion ; il les exhorte à ne pas dégénérer, s'enquiert des nouvelles du village, s'attriste des vides que la mort y a faits, distribue quelques souvenirs religieux à tous ces bons habitants, revoit quelques-unes des maisons qui lui avaient naguère donné asile et laisse tout ce monde aussi disposé qu'en 1799 à se faire tuer pour lui, s'il le fallait.

On ne saurait croire combien ce retour inattendu de l'Oncle-Jacques, dans le lieu de son premier apostolat, réveilla de souvenirs et d'allégresse. A Thonon, ce fut une ovation pacifique, populaire, enthousiaste, comme tout ce qui est spontané. A Évian, où il se rendit sur les instances de M. le plébain Carlin, même accueil, mêmes témoignages de religieuse vénération. La rencontre avec les frères Picollet, prêtres et confesseurs de la foi, fut touchante. Mais une scène non moins attendrissante, ce fut de voir deux femmes du peuple, déjà bien âgées, sortir de la foule et faire force pour arriver jusqu'à l'Oncle-Jacques. Il s'avança lui-même : — « Eh! « qui êtes-vous, mes bonnes femmes? — Pauvre « Monsieur, vous ne reconnaissez pas les reven- « deuses qui vous ont si souvent apporté de « Lausanne les *papiers* des grands vicaires? — « Oh! vraiment, c'est donc vous, mes braves « *anciennes*, qui avez été les commissionnaires « autrefois! Oh! que j'ai du plaisir à vous re- « voir! » Et, dans l'effusion de sa joie, il em- brassa, sans respect humain, les deux vénéra- bles contrebandières, pendant que, dans la multitude, les uns pleuraient d'attendrissement et les autres criaient : *Vive l'Oncle-Jacques!*

Quoique ce bon curé préférât la société des gens du peuple, il se comportait parfaitement avec les grands, faisait très-bien les honneurs de son salon ou de sa table, se présentait chez eux avec une noble simplicité et une merveil- leuse convenance de langage et de manières. C'est là surtout qu'il alliait la simplicité de la colombe à la prudence du serpent : maître de son cœur et de sa langue, jamais il ne dit que ce qu'il fallait dire ; mais le peu qu'il disait était dit avec un air d'abandon et de franchise qui captivait la confiance et désarmait une indis- crète curiosité.

Un esprit observateur et une longue pratique

des hommes avaient donné à M. Bouvet une rare connaissance du cœur humain ; il en connaissait les replis et les profondeurs, les instincts secrets et les fibres les plus délicates ; il possédait une merveilleuse dextérité à traiter les faiblesses et les passions de ses semblables. Il lui suffisait quelquefois de deux mots, même patois, pour obtenir le meilleur résultat. Une vénérable octogénaire nous racontait ingénument naguère que, vers l'âge de douze ans, étant allée à confesse auprès de son vénéré pasteur, elle s'accusait, avec un reste de complaisance, *d'avoir pris bien du plaisir à se regarder au miroir, d'avoir été contente d'elle-même et de s'être trouvée jolie.* Après quoi, elle s'arrêta tout court, attendant peut-être moins sa pénitence qu'une marque d'assentiment. Sans donner à cette faute les proportions d'un crime, le confesseur se contenta d'humilier cette jeune pénitente, en lui disant en patois : *oh ! t'as vu na balla pîce.* Elle avouait, à la louange de M. Bouvet, que ces deux mots de compassion légèrement railleuse avaient mieux rabattu sa vanité naissante, que ne l'auraient fait les plus belles remontrances.

Jamais il ne brusquait, et il est rare que, au milieu des populations mobiles et impressionnables où il a vécu, il ne fît pas son entrée dans les âmes par la porte du cœur.

Cependant, il n'excellait pas moins à parler à la raison ; ses exposés de motifs étaient si nets, si saisissants de vérité, qu'ils réduisaient d'ordinaire les esprits les plus prévenus ou les plus rebelles. Mais ce qui lui assurait le plus d'empire sur les âmes, c'était l'autorité de ses vertus et surtout les chaleureuses expansions de sa charité. S'il était rebuté, il savait temporiser et prier ; il choisissait ensuite ses moments, dressait ses pieuses batteries et revenait à l'assaut par quelque côté nouveau.

Un homme de loi de sa paroisse, lequel avait joué un rôle considérable dans les évènements de la Révolution, et qui depuis de longues années avait abandonné toutes pratiques religieuses, tomba dans une langueur qui menaçait d'être mortelle. Dès longtemps, M. Bouvet se tenait à l'affût de ce paroissien endurci. Pour se mettre en contact avec lui, il avait même antérieurement acheté de lui divers objets de culte, épaves de la spoliation révolutionnaire.

Après beaucoup de prières faites pour lui, après quelques visites de civilité toujours bien accueillies, le zélé pasteur, sachant que le mal empirait, résolut d'aborder la question capitale. Le récit de cette visite nous a été fait par une nièce du malade, présente à l'entretien. M. Bouvet se présenta avec un air jovial ; il trouva son malade jouissant de toutes ses facultés et assez disposé à une petite causerie. Voici un précis du dialogue qui s'établit : « *Il me semble, Monsieur*, lui dit M. le curé, *que vous devez avoir plaisir à vous rappeler tant de procès gagnés dans votre longue carrière. — C'est vrai*, répond le malade, flatté de ces réminiscences ; *mais ma carrière est bien finie et je n'espère plus me charger d'aucune cause. — Ah ! pour-*

tant, Monsieur, il s'en présente une que je vou-drais bien vous recommander et qui est bien digne de vous. — Eh bien ! voyons, et si je pouvais vous être utile... — Merci, mon bon Monsieur P., le gain de ce procès me serait fort agréable et même très avantageux pour vous. L'âge et les infirmités, loin de vous interdire le soin de cette cause, le recommandent au contraire à toute votre sollicitude. — Ah ! je crois deviner... — Eh bien ! oui, mon cher Monsieur, après tant de procès que vous avez gagnés pour les autres, il vous importe souve-rainement de gagner celui-ci pour vous et il ne tient qu'à vous ; j'en appelle à votre première communion et aux principes chrétiens que vous avez puisés dans votre religieuse famille. — Je comprends, mon bon curé... Mon entourage m'en a touché quelques mots... On y pensera ; revenez dans quelques jours ; la cause sera un peu embrouillée, vous serez mon avocat. Ainsi fut fait, et, après quelques séances, le vieux révolutionnaire, réconcilié avec Dieu, mourut dans les meilleurs sentiments.

Le succès n'a pas toujours couronné son zèle ; quelquefois même, dans son ministère, il a dû menacer et tonner ; mais jamais on ne l'a vu s'aigrir. Tranquille sur le témoignage que lui rendait sa conscience de n'avoir rien négligé pour le salut de cette âme rebelle à la grâce, il la recommandait encore aux miséricordes divines.

Sa douceur ne dégénérait point en faiblesse : il savait à propos recourir à la fermeté. Ayant

un jour des raisons de craindre qu'une sépulture
ne donnât lieu à quelques manifestations fâ-
cheuses, il fixa pour la cérémonie funèbre une
heure peu favorable aux scènes qu'il redoutait.
A l'heure fixée, il va lui-même faire la levée du
corps. On n'était pas prêt ; on incidente ; on
veut attendre. « Tout est prêt pour la cérémonie
« religieuse, dit-il, *voulez-vous le donner*, ou si
« je m'en retourne ? » Que faire ? on murmura
un peu ; mais le convoi partit tel quel et la
sépulture eut lieu sans encombre ni scandale.

M. Bouvet avait une remarquable aptitude
d'esprit, des études solides et surtout un bon
sens exquis. Il a laissé dans les archives de
Saint-Maurice des mémoires, des rapports, des
délibérations, des comptes, des harangues, qui
témoignent d'une grande variété de connais-
sances en matière d'administration, de jurispru-
dence, de comptabilité et de littérature.

On sait que, après la Restauration, M. Bouvet
fut nommé réformateur des études et censeur
ecclésiastique pour le Genevois, fonctions qui
attestent la confiance dont il jouissait auprès
des diverses autorités supérieures. Chose admirable ! ce prêtre, si instruit, préparait et étudiait
ses discours et instructions à la fin de sa carrière comme au commencement. Prêchant un
jour devant le clergé du diocèse, réuni au grand
séminaire pour sa retraite, à l'âge de soixante-
quatorze ans, sa mémoire le servit mal et il
éprouva quelque embarras. « Que cela ne vous
« fasse pas de la peine pour moi, dit-il à ses
« vénérables auditeurs ; je m'étais mis en *bras*

« *de chemise pour étudier*. » Et, maître de son sujet comme il l'était, il le traita avec succès, sans s'asservir à sa mémoire, qui l'avait trahi.

Quant à ses habitudes domestiques, M. Bouvet était un homme d'ordre ; chaque chose avait son temps et sa place. Les registres, les fondations, les comptes à rendre, les cahiers des confréries, des malades, tout était tenu avec soin et au courant. Il avait une excellente écriture et une rédaction claire ; la tâche des vicaires était parfaitement tracée ; aussi, malgré l'encombrement de la besogne, rien ne souffrait dans le service paroissial.

Dans l'intérieur de sa maison, il était bon, patient, d'humeur égale. Il aimait ses vicaires (1), leur témoignait de la confiance et de l'intérêt, les encourageait, les plaisantait doucement. M. Jacques Dubouchet, un des vicaires les plus distingués qu'il ait eus, avait pour patron saint Jacques le Majeur, comme M. Bouvet, et faisait sa fête ce jour-là, le bon curé lui dit : « Croyez-« moi, cher abbé, prenons chacun un saint « Jacques ; nous en serons mieux ; ça nous fera « deux fêtes. — Très-bien, choisissez, Monsieur « le curé. — Eh bien ! laissez-moi saint Jacques « le Majeur ; vous y êtes intéressé : c'est celui « qui tient la gourde. »

A une époque différente, un autre vicaire,

(1) Voici, par ordre chronologique, la liste des douze vicaires qu'il a eus pendant les 26 ans de son séjour à Saint-Maurice : MM. Pâquier, Dépomier, Perrolaz, Millioz, Mermoz, Besson, Pellissier, Berthet, Naz, Chaumontet, Dubouchet et Sallavuard.

fraîchement éclos du séminaire et plus tard excellent curé, crut reconnaître que, sur certains points, la morale de M. Bouvet était relâchée, et, ce qu'il y eut de plus regrettable, c'est que du haut de la chaire, un jour de dimanche, en présence du bon curé qui était célébrant, il donna carrière à son appréciation et prévint les fidèles contre les moralistes relâchés, qui avaient charge de sauver les âmes et qui les perdaient. Cette censure amère, cette sorte de dénonciation publique fut comprise des auditeurs, qui ne se contenaient qu'avec peine ; l'autre vicaire trépignait d'impatience ; Monsieur le curé était impassible sur son siége.

A midi, le curé fut plus aimable qu'à l'ordinaire ; il voulut que sa table prit un air de fête. Au dessert, il se tourne avec bonté vers cet abbé : « A ta santé, mon *poure!* (1) lui dit-il en « patois ; tu étais bien *gringe* (2) aujourd'hui ; « je veux faire ma paix avec toi. » Le jeune prêtre fut touché de ce procédé ; mais il ne crut rien devoir rétracter. Alors le vieux professeur, laissant le patois et le tutoiement, résume, sur les points incriminés, l'enseignement de l'école dans les termes et avec les arguments les plus précis, cite ses autorités, invoque certains principes réflexes qui régissent la matière ; puis il interpelle le jeune vicaire, qui suait sur la sellette : « N'est-ce pas ça ? » — Celui-ci s'excuse

---

(1) Terme affectueux et emportant une idée de compassion.
(2) Adjectif exprimant l'idée d'une humeur noire et mauvaise.

et proteste que c'est la plus pure doctrine. —
« Eh bien! si tu trouves que cette doctrine peut
« passer, tu la donneras en chaire la première
« fois que tu y monteras, et puis ce sera tout
« *guéri.* » Ainsi fut fait. Voilà comment il pro-
cédait. Il suffisait qu'un prêtre eût achevé là
son vicariat pour qu'on pût dire de lui ce que
saint Paul disait de l'homme de Dieu : *Il est en
mesure d'accomplir toute œuvre bonne et salutaire.*

La table était servie avec une convenable
abondance, mais sans recherche. M. Bouvet
avait conservé ses habitudes frugales; son ro-
buste appétit préférait les aliments simples et
grossiers; à midi, il buvait de bon cœur quelques verres de vin blanc du pays avec quantité
d'eau. Il se tenait propre de sa personne, portait
les cheveux très courts et n'avait rien dans sa
tenue qui le signalât à l'attention. La prière en
commun terminait la journée.

Tel était M. Bouvet dans ses traits les plus
saillants d'homme et de prêtre.

Il était un curé tellement hors ligne que Mgr
de Thiollaz, quand il voulait désigner M. Bouvet, ne l'appelait jamais par son nom propre :
il disait tout court et par antonomase : *le Curé*,
et chacun comprenait ce laconisme, quoiqu'il y
eût à Annecy un autre curé très méritant et
nommé par Mgr de Thiollaz lui-même. Rare-
ment on verra un curé aussi complet et une
carrière aussi pleine que celle de ce bon prêtre.
Mais cette carrière touchait à son terme.

On était à la fin d'octobre 1829; nous avons

laissé ce digne vieillard aux prises avec les cruelles douleurs de son rhumatisme goutteux, cloué sur son fauteuil. Il ne douta point que sa fin ne fût prochaine et ses jours comptés; c'était, plus que jamais, le moment de se disposer à l'éternité. « Sa maladie, qui fut longue et dou-
« loureuse, écrivait à M. Vuarin M. Sallavuard,
« alors vicaire à Saint-Maurice, lui fournit l'oc-
« casion de pratiquer la patience la plus exem-
« plaire; jamais je ne l'ai vu s'impatienter ni
« entendu se plaindre; il supporta jusqu'au bout
« ses douleurs et ses souffrances avec la plus par-
« faite résignation et avec cette gaieté qui le
« caractérisa toujours; il reçut plusieurs fois le
« saint viatique, et chaque fois sa piété se mon-
« tra des plus vives et des plus tendres; il pleu-
« rait de bonheur, et les paroles qu'il adressait
« aux assistants faisaient couler leurs larmes. »

Ce qui le tourmentait encore plus que son mal, c'était sa lourde dette de dix mille francs, contractée pour son clocher. Mgr de Thiollaz, qui vint le visiter, le trouvant pleurant de se voir dans une pareille détresse, s'attendrit avec le vénérable malade, le consola et lui promit son appui; quelques créanciers, entre autres Mme Noble de Pignier et M. Favre, ancien avocat, déchirèrent ou lui renvoyèrent leur titre; le Conseil municipal bilança, le 12 décembre, une somme de deux mille francs sur son budget de 1830; des ecclésiastiques et plusieurs laïques fournirent généreusement des subsides; puis le mobilier, quoique modeste, était plus que suffisant pour couvrir le reliquat de la dette. Alors

M. Bouvet se sentit revivre et fit son testament, par lequel il donne son patrimoine et son mobilier à son neveu, M. l'abbé Rosset, avec charge de payer les dettes; lègue sa bibliothèque au séminaire d'Annecy et règle qu'il serait *inhumé dans le cimetière de la ville, à la place sur laquelle devait être érigée la croix en pierre* qui existe maintenant (1). Tout le monde s'intéressait à cette précieuse vie; on demandait de ses nouvelles; on priait pour lui; mais le *bon serviteur* était à la fin de *la journée;* sa tâche était accomplie; il n'avait plus qu'à recevoir sa récompense : il expira, le 22 novembre, à dix heures du matin.

Ses funérailles furent un triomphe. On ne peut en avoir un récit plus touchant et plus véridique que celui qu'en a tracé M. Berthet, premier vicaire de Saint-Maurice, en rédigeant l'acte de décès.

Cette pièce, inspirée par la piété filiale, mais grave et vraie comme une épitaphe, mérite de trouver ici sa place; elle servira d'ailleurs de récapitulation fidèle et touchante de tout notre travail. La voici :

« L'an mil huit cent vingt-neuf et le vingt-
« deux novembre, à dix heures du matin, est
« décédé, âgé de soixante-dix huit ans, muni des
« sacrements, et, le surlendemain, selon sa
« demande, a été inhumé dans le cimetière de
« cette ville, au pied de la croix en marbre qui

(1) Elle a disparu en 1873.

« doit y être élevée : R^d Jacques, fils des défunts
« Claude-François Bouvet et Charlotte Dentand,
« né au Biot, en Chablais, le 29 novembre 1751,
« ordonné prêtre le 29 mai 1779, docteur en
« théologie et ès-droit ; ancien et illustre profes-
« seur de théologie au collège de Rumilly ; au-
« teur d'une théologie savante, manuscrite,
« 5 vol. in-4° ; chef des Missions dans le Chablais,
« pendant les jours d'affligeante mémoire ;
« réformateur des études dans la province du
« Genevois ; chanoine de l'église cathédrale
« d'Annecy ; archiprêtre et curé de Saint-Mau-
« rice......

« Pendant vingt-six ans que M. Bouvet a été
« curé de Saint-Maurice, ce bon pasteur a
« administré cette paroisse avec autant de
« gloire que de succès ; parfait imitateur de
« notre divin Maître, comme lui il a *passé en*
« *faisant le bien ;* il fut toujours brûlant de
« cette charité qui fait le pasteur selon le cœur
« de Dieu ; il fut tous les jours le père des pau-
« vres, auxquels il sacrifia tout, jusqu'à ses
« vêtements ; modeste et humble, autant que
« savant et érudit, il ne connut jamais d'autre
« plaisir que celui de travailler à la plus grande
« gloire de Dieu et au salut de ses frères ; doué
« d'une bonté et d'une sagesse consommées, il
« sut toujours allier la douceur de la colombe
« à la prudence du serpent ; modèle des bons
« prêtres, protecteur des opprimés, consola-
« teur des affligés, ressource de tous les malheu-
« reux, respecté des grands, chéri, vénéré et
« regretté de tous, il a laissé à tous l'exemple et

« le souvenir de toutes les vertus. *Omnibus*
« *omnia factus est.*

« Ses funérailles ont eu lieu dans l'église de
« Saint-Maurice avec toute la pompe et la
« solennité dues à son rang et à ses mérites :
« toutes les Confréries de la ville, quatre cha-
« noines députés par le Chapitre, tous les admi-
« nistrateurs des hospices, Messieurs le noble
« Syndic et Conseil de ville, tous les élèves du
« collège et du petit séminaire, dont quelques-
« uns ont chanté une messe en musique ; Mes-
« sieurs les ecclésiastiques de la ville et de
« l'archiprêtré, un grand nombre d'élèves du
« grand séminaire avec leurs supérieurs ; tous
« les habitants de la ville et un grand nombre
« des paroisses voisines se sont à l'envi empres-
« sées de venir rendre au bon M. Bouvet leurs
« témoignages d'amour, de vénération, de
« reconnaissance et de regret. De longtemps
« on n'avait vu à Annecy une cérémonie à la
« fois aussi triste et aussi consolante, aussi
« majestueuse et aussi imposante ; pendant tout
« le temps qu'il est resté exposé, une foule
« immense s'est sans cesse pressée autour de
« sa dépouille mortelle ; on remarquait dans
« tous un sentiment profond de vénération et
« de respect : chacun à l'envi redisait ses vertus
« et l'appelait Bienheureux. *Cujus memoria in*
« *benedictione est.* »

Signé : BERTHET, *économe.*

« En visitant le cimetière d'Annecy, dit
« M. Vuarin, on éprouve un regret qui serre le
« cœur ; c'est de ne pas apercevoir la plus
« légère trace qui rappelle la mémoire de
« l'homme apostolique et du bon pasteur qui a
« voulu que ses ossements fussent abrités sous
« la croix de son divin Maître. »

A bien des égards, nous partageons ce regret.
Mais, d'un autre côté, ce bon prêtre a désigné
le genre de monument qu'il préférait : c'est la
Croix. Voilà la seule distinction qu'il ait désirée
pour sa dépouille, dans ce champ où la mort
promène son niveau. La *croix !* non point une
de ces vaines décorations qui ne sont pas toujours la récompense ni la preuve du mérite,
mais la croix, le signe et la source sacrée de
notre rédemption. Or, cette distinction, le bon
curé l'a obtenue après sa mort ; elle est venue
protéger le dernier sommeil du fidèle serviteur ;
elle se dresse sur son cercueil comme l'arbre de
vie et le gage de l'immortalité.

La grande croix, sous laquelle la vénérable
dépouille de M. Bouvet reposait depuis 44 ans,
a disparu du cimetière, lors de sa sécularisa-
tion, en 1873. En prévision de cette fâcheuse
détermination, une généreuse dame d'Annecy,
Marie Delétraz veuve Ruscon, laquelle, toute
jeune, avait beaucoup connu et vénéré le digne
Oncle-Jacques, se prit d'un beau zèle pour sauver de l'oubli la mémoire de cet incomparable

pasteur. Non contente d'avoir fait une pieuse fondation à l'église de Saint-Maurice d'Annecy pour messes commémoratives de M. Bouvet, elle fit acheter une place à perpétuité au cimetière, pour lui élever un monument ; on obtint l'exhumation de ses précieux restes, encore très reconnaissables. Le transport de la caisse qui renfermait ses ossements se fit avec les formalités civiles et les cérémonies religieuses requises. La fosse nouvelle fut bénite par le chanoine Mercier, curé de Saint-Maurice, accompagné de plusieurs prêtres et de nombreux fidèles, et, peu de temps après, sur les restes vénérés du bon M. Bouvet se dressait un beau cénotaphe de marbre, surmonté de la croix, portant des insignes emblématiques sculptés dans le marbre, avec l'inscription suivante, gravée en lettres d'or :

Ci-gît en paix

R^d Jacques BOUVET, du Biot

Docteur ès droits
Professeur de Théologie
Missionnaire intrépide en Chablais
Pendant les dix ans de la Révolution française
Enfin excellent curé de Saint-Maurice d'Annecy
Homme de Dieu et du peuple
Décédé l'an 1829
M. D. V. R.
Lui érigeait ce monument

NOTES ANNEXÉES

N° 1

Lettre de S. E. le Cardinal Billiet

S. E. le Cardinal Billiet, archevêque de Chambéry et métropolitain de la province ecclésiastique de Savoie, a été consulté par nous sur la question suivante : M. Bouvet, nommé député du Biot à la Constituante assemblée à Chambéry, en 1792, a-t-il figuré dans les séances du 23 octobre et suivantes, et, en cas d'affirmative, quelle attitude a-t-il gardée dans cette Assemblée, dite des Allobroges?

Son Eminence nous a fait l'honneur de nous écrire, de sa main, la précieuse lettre dont voici la copie :

Chambéry, le 7 septembre 1869.

Monsieur,

Il y a longtemps que je ne me suis occupé des faits relatifs à l'histoire de la Révolution; mes souvenirs sont en partie effacés. D'ailleurs, j'avais puisé mes renseignements sur les évènements de 1792 sur l'*Histoire de la réunion de la Savoie à la France*, publiée par M. Dessaix. Nous n'avons presque pas, sur cette question, d'autre autorité que la sienne.

A l'article : Députés des communes de la Savoie, page 156, on lit ce qui suit : *Bouvet Jacques, prêtre; Le Biot, Chablais, république indépendante.*

Il paraît donc certain que M. Bouvet a été député par la commune du Biot; cette première députation n'a rien de blâmable; beaucoup d'hommes très estimables, et plusieurs ecclésiastiques, faisaient partie de cette Assemblée; ils espéraient pouvoir soutenir les intérêts de la religion. Les mots : *république indépendante* signifient seulement que, dans sa délibération, la commune du Biot avait voté pour une république indépendante.

A la page 193, le rédacteur des procès-verbaux dit que toutes les communes du Chablais, au nombre de soixante-cinq, ont voté pour la réunion à la France; lui-même dit le contraire à la page 196, où on lit : « La commune du Biot est la seule qui ait opiné pour « une république séparée; plusieurs ont protesté « qu'on ne touche point à la religion. »

On ne retrouve plus le nom de M. Bouvet, ni dans la séance du 23 octobre 1792 ni dans aucune des séances suivantes. On sait que plusieurs députés honorables se sont retirés successivement et sans bruit, à mesure que les tendances révolutionnaires se développaient. Je suis persuadé que M. Bouvet s'est retiré avant la séance du 23 octobre et qu'il n'a point souscrit le serment proposé ce jour-là aux députés.

Dans mes recherches, j'ai spécialement examiné les pièces relatives au diocèse de Chambéry; cependant, je ne négligeais pas entièrement celles qui concernaient les autres diocèses de la Savoie, surtout lorsqu'il s'agissait de personnes de ma connaissance; or, l'Oncle-Jacques était pour moi une *connaissance intime,* un *ami*; je ne passais pas à Annecy sans lui demander l'hospitalité. Or, je n'ai jamais rien trouvé nulle part, je n'ai jamais entendu une parole qui ne soit honorable pour lui. L'évêque, les grands-vicaires et les prêtres le plus distingués de ce diocèse, Mgr Dessolles, et MM. de Thiollaz, Bigex, Dubouloz, Gazel, Rey, en parlaient toujours avec bienveillance et avec estime. Je puis donc assurer en général que, dans toutes mes recherches relatives aux œuvres de la Révolution française en Savoie, de 1792 à 1802, je n'ai jamais trouvé nulle part un mot qui ne soit honorable pour M. Bouvet.

Je suis avec dévouement, Monsieur,

Votre très humble et obéissant serviteur,

† ALEXIS, *Card.-Arch.*

M. Mercier, curé de Saint-Maurice, à Annecy.

N° 2

Tableau des députés du Chablais et de leurs adjoints à l'Assemblée des Allobroges

ONT VOTÉ POUR LA RÉUNION A LA FRANCE :

Thonon. – Dessaix Claude-Louis-Victor; F.-M. Duperrier; Claude Naz.
Perrigny. — Chapet Joseph.
Orcier. — Détraz Joseph.
Armoy-Lyaud. — Dubouloz Thomas.
Margencel. — Duchêne A.; Duchêne Maurice.

Draillant. — Frezier Joseph,

Bellevaux. — Favrat Jean-P.; F.-L. Favrat; Joseph Rey.

Vailly. — Frezier Jean-Marie.

Reyvroz. — Frezier Jean-Marie.

Lullin. — Frezier Joseph-Marie; Pierre Ducetoux; Cl. Frossard.

Mégevette. — Grivaz François-Marie; Gellon.

Allinges. — Lochon Joseph; Mugnier; Perroud Joseph.

Anthy. — Perroux Gaspard; Lochon J.; Marie Frezier.

Cervens. — Vignet Philippe-Louis-Joseph; Bétemps.

Les Habères. — Pommel Philippe; Bastard; Duret.

Saxel. — Mouchet Claude.

Douvaine. — Guyot Bernard; J. Genoud; Georges Bordennaz.

Bons. — Frezier Cl.; Duperrier; Décompoix.

Loisin. — Pe'loux Jacques; Coutty; Gallay.

Yvoire. — Rosset G.; J. Quiblier; Vuarnet.

Machilly. — Vacherand Fabien; Roullin P.; Primborge.

Brens. — Vacherand Fabien; Roullin P.; Primborge.

Ballaison. — Violland Jn.-Fs; Grenier; Vincent.

Saint-Didier. — Gentil Guillaume-Joseph; Degenève; Vacherand F.

Excenevex. — Arpin Jean-Baptiste..

Brenthonne — Bel Etienne.

Massongy. — Bétemps Jean-Pierre.

Veigy. — Chatel François.

Sciez. — Charmot Jacques; Jacques Monnat.

Nernier. — Favre Jean-Baptiste.

Chens-Cusy. — Fichard Henry; Jacques Decorsens; Fichard J.-M.

Filly et Chavanex. — Comme Sciez.

Saint-Cergues. — Girod Jean-François; Claude Dombre; Henry Darthaz.

Evian. — Blanc Claude, homme de loi.

Maxilly. — Blanc Claude, homme de loi.

Marin. — Blanc Claude, homme de loi.

Vinzier. — Blanc Claude, homme de loi; Joseph Blonnay; Claude-Joseph Baud.

Féterne. — Blanc Claude, homme de loi; Joseph Blonnay; Claude-Joseph Baud.

Publier. — Blanc Claude, homme de loi; Joseph Blonnay; Claude-Joseph Baud.

Neuvecelle. — Blanc Claude, homme de loi; Fs-M. Seuvay; André Jacquier.

Saint-Paul. — Michoud François.

Saint-Gingolph. — Charmot-Pierre.

Larringe. — Carrier Philibert.

Thollon. — Cachat Jean-Pierre.

Lugrin. — Maître André; François Pouly; Hyacinthe Chambaz.

Novel. — Sage Joseph.

Abondance. — Folliet François-Marie; P.-J. Blanc; J.-P. Sallavuard.

La Chapelle. — Bron Athanase; Claude Maxi; J. Déportes.

Chevenoz. — Bron Athanase; Tupin; Claude Blanc.

Châtel.— Maxi Ch.-Marie; Athanase Bron; Tupin.

Bernex. — Peillex Pierre-Etienne.

Vacheresse. — Tupin Claude-Antoine, homme de loi.

Bonnevaux. — Tupin Amédée; Lollioz; Favre.

Le Biot. — Bouvet Jacques, prêtre. — *République indépendante.*

Saint-Jean d'Aulps. — Buttet J.-F.-M.; Pierre Premat.

Montriond — Michaud Antoine.

Morzine. — Grivel Delilaz Jacques; Jacques Pralet; Laurind.

La Forclaz. — Gallay Jean-Claude.

La Vernaz. — Vulliez François; Garin François; Cursaz Nicolas.

N° 3

Municipalité de Chevênoz

« Le 9 décembre 1793, écrit Son Eminence dans
« ses Mémoires, le Conseil général du département
« apprend que la municipalité de Chevênoz, en Cha-
« blais, tolère des prêtres réfractaires et souff.e qu'ils
« entretiennent dans la commune le fanatisme et la
« superstition ; que les habitants se sont rassemblés
« depuis peu, pendant la nuit, pour entendre la messe
« d'un d'entre eux, ce qui ne pourrait avoir lieu si la
« Municipalité elle-même ne les favorisait ; en consé-
« quence, le Conseil général arrête que toute la muni-
« cipalité de Chevênoz serait mise en état d'arresta-
« tion et traduite dans les prisons nationales de
« Chambéry. » Les officiers municipaux de Chevenoz
ont dû comprendre par là combien c'était alors un
grand crime d'assister à la messe.

N° 4

M. Vernaz et ses dénonciateurs

L'abbé Vernaz François, fils de Joseph, né à Chevênoz, le 27 mars 1759, fit ses études à Evian, sa théologie à Thonon, sa morale à Annecy, et, après son
ordination, il fut nommé vicaire à Fessy. Il refusa le
serment, mais il ne put se résoudre à émigrer. Il vint
à Chevenoz, où la *Municipalité le favorisait*, parce qu'il
se mettait généreusement au service des âmes.

Un jour, le nommé Châtillon, patriote forcené, habi-
tant de Saint-Paul, le fit prier de venir voir sa mère,
dangereusement malade. On représenta au prêtre le
danger qu'il courait de tomber dans un piège. —

« N'importe, dit-il, fallût-il être écartelé, je ne refu-
serai pas mon ministère à un mourant. » Il put donner
à cette malade tous les soins religieux. Non-seulement
le patriote ne chercha pas à lui nuire, mais encore il
le remercia d'avoir ainsi assisté sa mère.

Quelques jours après (c'était le 20 février 1794),
l'abbé Vernaz, accompagné de M. Tavernier, se ha-
sarda à se transporter encore dans la même maison.
Le terroriste, qui soupçonnait le retour du prêtre
chez lui et qui regardait le sauf-conduit comme écoulé,
avait pris des mesures au district. Aussi eut-il, ce jour-
là, sous la main deux soldats qui montaient en détachement à Vacheresse. Les deux prêtres furent saisis,
enchaînés et conduits dans la direction de Vacheresse.
En arrivant au *Faux-Courbe*, M. Tavernier, d'un coup
d'épaule, terrasse son gardien et se jette par un épou-
vantable couloir, où il fut suivi de quelques balles qui
ne l'atteignirent pas.

L'autre prisonnier fut enchaîné et surveillé avec plus
de précaution dans le reste du parcours. Mais c'était
dans le pays même de M. Vernaz, et quand ces fiers
montagnards surent leur prêtre et leur compatriote
emmené comme un malfaiteur, ils avaient bonne envie
de le délivrer; les soldats eux-mêmes sentaient le danger de leur situation et ils étaient tout disposés à le
relâcher, sous prétexte que personne ne voulait reconnaître le détenu pour prêtre. Mais, sur ces entrefaites,
un certain Carlin Maxit, qui revenait de Thonon à
cheval, apprit cette capture et l'irrésolution des
soldats; il arrive ventre à terre, s'oppose à ce que le
détenu soit relâché; ordonne au commandant de le
traduire incessamment à Thonon, sous peine d'en
rendre compte *corps pour corps*. Ainsi fut fait, et le
confesseur fut amené dans la maison d'arrêt de Thonon, pendant la nuit du 20 au 21 février.

Maxit eut une crainte : peut-être que personne ne

voudra reconnaître ce calottin pour prêtre; il faut des témoins qui déposent de cette qualité. Là-dessus, il descend lui-même de grand matin, le 21, passe à Saint-Paul, où il va s'entendr_ avec le monstre qui l'avait livré; ils descendent ensemble à Thonon et tous les deux vont déposer que le nommé Vernaz est bien réellement prêtre. Sans cette déposition, il n'était pas fusillé; car personne n'avait voulu le reconnaître, pas même aucun des administrateurs du district ni aucun membre des jacobins, qui pourtant tous le connaissaient, soit pour avoir été condisciples de collège, soit pour l'avoir vu en ville pendant ses études ou son vicariat de Fessy.

Sur la déposition des deux témoins, M. Vernaz fut fusillé le 22 février 1794. « D'après toutes les lois révo-
« lutionnaires publiées jusqu'alors, M. Vernaz devait
« être condamné à la déportation seulement. Nous ne
« savons pas pourquoi le tribunal de Thonon l'a con-
« damné à mort, ni pourquoi il n'a pas laissé au moins
« vingt-quatre heures entre l'arrestation et la con-
« damnation. » (*Mémoires,* p. 163.) Voilà comment Son Éminence juge ce jugement.

Il paraît que, après la déposition des deux terro-
ristes, qui invoquaient le décret d'Albitte du 30 janvier précédent et qui rappelaient d'ailleurs que ce calottin fanatisait le Haut-Chablais et la municipalité de sa commune, le tribunal fut pris d'une terreur qui ne lui laissa ni la liberté ni le temps de faire aucune procé-
dure juridique. Du moins, il n'en reste au greffe aucune trace. On trouve seulement dans les archives de la Municipalité que, le 6 ventôse an II (24 février 1794), il a été accordé « *un mandat* de quatre livres et cinq
« sous, sur les revénus de l'hôpital, au nommé *Cullau,*
« enterreur, pour lui et ses collègues, pour l'inhuma-
« tion d'un *prêtre justicié* en cette commune, le 4 de
« ce mois (22 février). »

Les deux prêtrophobes repassèrent la Dranse et rentrèrent chacun chez soi, sous le poids de l'exécration publique.

Carlin Maxit, fils d'un notaire et déjà notaire lui-même, futur héritier de trois à quatre cent mille livres de fonds, ne se borna pas à l'exploit précité : il fit détenir sa sœur en prison pendant cinq ou six mois, fit monter trois fois les archers pour saisir et incarcérer sa mère, fit appeler son père au district dans le dessein de le faire *mettre à l'ombre*. Après la défaite des Piémontais, deux officiers savoyards, désirant rejoindre leur drapeau, se préparaient à passer en Valais pour se rendre à Turin. Carlin Maxit les voit passer et les oblige à entrer chez lui. Bientôt, il vomit un torrent d'invectives et d'outrages contre le *tyran sarde ;* les officiers lui rappellent leur convention de ne point parler de politique. Celui-ci redouble ses propos outrageants et fait un signe mystérieux à un domestique d'aller lui quérir un certain *séide*. Les hôtes se crurent perdus, et l'un d'eux se lève, détache un des fusils tout armés, qui décoraient la paroi, et le décharge à bout portant dans la poitrine de Carlin, qui tomba mort et que l'on enterra patriotiquement, avec une pipe à la bouche. Tout le pays se sentit soulagé, et les deux émigrants passèrent en Valais, sans être molestés.

Quant à son complice Châtillon, qui avait livré le prêtre aux soldats, il continua son terrorisme contre les prêtres et les soldats réfractaires. Après la chute de Robespierre, il fut recherché et poursuivi à son tour. Il réussit à s'échapper. Sa fortune disparut ; il a vécu jusqu'à quatre-vingt-quinze ans, pour voir sa famille s'éteindre avant lui dans les afflictions et la misère ; il a conservé jusqu'au bout ses instincts sanguinaires, isolé au centre d'un cercle élargi par l'horreur. La religion l'a visité dans ses derniers moments.

Étranger à Saint-Paul, il y a été le premier et le dernier de sa race, Il n'y reste de lui que sa mémoire, portant le sceau de l'anathème.

N° 5

Liste des individus émigrés de Thonon
dès le 22 septembre 1792

Au 17 ventose 1794, les principaux émigrés sont, outre les membres du clergé et des Ordres religieux : Vignet Louis-Aimé, baron des Étoles, de Seyssel, Duperrier Jacques et sa femme Polyxène Rivollat, Ramel Claude et sa femme, Gaillard, de Brotty François-Gaspard, de Lort Louis-Amable et sa femme Viard, de Sonnaz Joseph, Bernaz Pierre, les trois frères Carron-Quisard, Souviran Jean-Marie, Carron Janus, Boccard Henri, Rivollat Jean-Antoine et la Jaillet, sa femme, Vernaz François, Delavouet Jean-Claude.

N° 6

État du clergé de Thonon avant la Révolution de 92

Prêtres de la Sainte-Maison : Dichat, abbé; d'Entrives; Margel Thomas, curé; Fernex Félix; Chastel Michel; Coudurier Martin; Dussaix Jean-Louis; Carlin Joseph; Quizard Pierre-Joseph; Richard Jean; Quizard Jean-Claude; Demots de La Salle François-Joseph; Rey Pierre-Joseph, diacre (Mgr Rey).

(Sur ces quatorze ecclésiastiques, un seul prêta le premier serment et aucun ne prêta le serment d'Albitte).

Religieux Barnabites : Favre; Latat; Mouthon Amed, de Burdignin; Mudrid Jacques, du Biot; Guichardi

Jean, d'Aoste; Deleschaux, procureur de l'Ordre; Michaud Louis-Albert; Thoire; Tillier; Lacroix Georges-Amédée; Squirabol Charles.

Il y eut parmi eux quelques déplorables défections.

Capucins : Bidal; Pallais (P. Hélie); Dunoyer Benoît; Gérard; Fantin; Fernex Henry; — *frères lais* : Bouchex, Portier, Decorzens.

Il y eut parmi eux quelques tristes faiblesses.

Minimes : Au nombre de sept; ils étaient tous partis, le 23 septembre 1792, pour le Piémont, leur patrie.

Chatreux de Ripaille : Melos François; Buisson; Guy Antoine; Delisle Michel; Desalmond André; Gouttry Simon, de Combloux; Comte Timothée; Mugnet; Boissonnet. L'attitude de ces Pères, généralement bonne, laisse pourtant à désirer.

Prêtres, professeurs au collège : Duperrier Jean-François; Forel Claude-Charles; Goy Michel; Carraux Pierre; Viollat Jean-Baptiste. *Ces trois derniers* prêtèrent le premier serment.

Autres prêtres : Colonna, aumônier de la Visitation; Pinget Étienne, aumônier des Ursulines; Fériaz Joseph, aumônier des Annonciades; Daviet Ambroise (sans désignation d'emploi).

Sur les cinquante-deux ecclésiastiques ou religieux précités, quinze prêtèrent le premier serment; presque tous le rétractèrent et réparèrent avantageusement cette faiblesse ou cet oubli d'un moment. Trois furent assez malheureux pour prêter le serment d'Albitte et renoncer à leur état de prêtrise.

N° 7

Note de ceux qui prêtèrent le serment d'Albitte

Sur environ deux cents prêtres et religieux que renfermait le Chablais avant la Révolution, il est glorieux pour la religion que la généralité ait été digne de son état. Il y eut quelques déplorables exceptions; on peut les citer, puisque ces malheureux ont eux-mêmes signé leur prévarication dans des registres publics. Leur faute est une leçon à recueillir. On verra d'ailleurs que le clergé séculier y figure pour la moindre part.

1º Violland Jean-François, ex-capucin, *abjure* le 27 germinal an II. Il se rétracta solennellement, le 10 prairial an III, en présence du Conseil. Il était du couvent de Sallanches;

2º Michaud Louis-Albert, ex-barnabite à Thonon, curé constitutionnel de cette ville, remet ses lettres de prêtrise et *abjure* le 20 pluviose an II. Il donne **sa** démission de curé, devient clubiste, membre du Comité de surveillance et secrétaire de la Municipalité. En 1796, il prétend une part dans les 10,020 livres auxquelles est arrêté le chiffre des pensions ecclésiastiques, allouées par le district de Thonon;

3º Deleschaux François-Marie, ex-barnabite à Thonon, procureur de son Ordre, *abdique* son état, le 20 août 1793, au bureau de l'administration du district dont il était secrétaire; le 17 pluviose suivant, il fait hommage de ses lettres de prêtrise à la municipalité; le 20 pluviose, il *abjure ses erreurs*, et, le 22, il renouvelle son apostasie;

4º Dumont Joseph-Marie, prêtre, curé constitutionnel de Douvaine, y *abjure* et se retire à Thonon, où il apostasie de nouveau, le 12 frimaire de l'an II; le 17 pluviose, il aggrave encore sa prévarication. En juillet de la même année, il est requis pour la levée de soixante-dix hommes que la commune doit fournir. Il prend les armes et disparaît;

5º Bidal Amé, curé constitutionnel de Neuvecelle, *abjure ses erreurs* et son état de prêtre, se retire à Thonon, où il meurt le 11 messidor an III;

6º Champourry Michel, vicaire constitutionnel de Thonon, puis successeur de Michaud. Le 22 pluviose de l'an II, *il abjure les erreurs dans lesquelles il a été élevé et que la lumière lui a fait connaître;*

7º Fernex Henri, capucin, souscrivit la formule d'Albitte et contracta ensuite un mariage civil. En 1803, il le fit convalider (Mgr Billiet, p. 536);

8º Ducret Jacques, de Thonon, professeur de théologie à Chambéry, abjura en 1794 et se rétracta, le 11 novembre 1802, en face de la mort;

9' Jacquier Joseph, de Bernex, en Chablais, chapelain de la Sainte-Chapelle, prêta les deux serments et fit une rétractation en 1800. Il fut rendu seulement à la communion laïque (Mémoires de Mgr Billiet, page 379 et 380).

N° 8

Municipalité nommée par Albitte, le 26 germinal an II
(15 avril 1794)

« Après avoir pris, dit-il, les renseignements les *plus scrupuleux* et les *plus précis*, après avoir consulté *l'opinion des sans-culottes réunis*, il nomme maire Deruaz Claude, notaire; agent national, Guyon Jacques, ci-devant avoué; officiers municipaux : Dubouloz François-Joseph, Favre Jean-André, Daviet Claude, Mudrid Sébastien, Biffrari François, Michaud Joseph, Portay, chirurgien, Fernex Joseph. »

Il nomme de même dix-huit notables.

Le 15 frimaire précédent avait été installé le *Comité de surveillance,* aux membres des citoyens Poppon Joseph, Dubouloz Joseph, Michaud Jean-Pierre, Portay, chirurgien, Michaud, religieux défroqué, Margel Claude, Deruaz Claude-Marie, Charles Henri, Appy

Jacques, Corriaz Amed et Coudurier Claude-François.
Les citoyens Anthoinoz aîné, Mudrid Louis, Bron
François, Charles André et Decorzens, chirurgien,
nommés membres de ce comité, n'avaient pas accepté.

Après la chute de Robespierre, le représentant du
peuple Gauthier, successeur d'Albitte, qui venait d'être
rappelé, modifia comme suit les autorités de Thonon :
Bétemps est nommé maire en remplacement de Deruaz,
nommé juge; Fernex Joseph, agent national, en remplacement de Guyon, nommé au district.

Depuis le 20 octobre 1793, c'est-à-dire depuis le
commencement de la Terreur jusqu'après la chute de
Robespierre, aucun membre de la famille Dessaix ne
figure dans l'administration, aucun n'est nommé par
Albitte, non plus que par Cassagne en 1795.

N° 9

*Rapport présenté au citoyen Gauthier, représentant
du peuple, au sujet de la pénurie des subsistances,
le 15 frimaire an III.*

(En substance et en abrégé.)

« Telle est la fatalité inséparable du despotisme et
« du fanatisme que, même après leur anéantissement,
« ils causent encore des calamités incalculables par les
« traces de l'inertie et de la misère dans lesquelles ils
« avaient entretenu la plupart des habitants.

« Il existait dans cette commune (Thonon) huit mai-
« sons religieuses, qui alternativement faisaient dis-
« tribuer du pain et de la soupe à *tous ceux* qui se
« présentaient à leur porte; ce qui a attiré dans cette
« commune un grand nombre d'individus, qui aban-
« donnaient les campagnes pour venir ici consumer
« des subsistances qui ne leur coûtaient que la peine

« de les recevoir et de les digérer. Plusieurs riches
« émigrés se piquaient aussi de faire des aumônes
« pub iques et générales *(les scélérats !)*. C'est ainsi que
« les biens de l'Eglise et ceux du riche servaient à
« paralyser l'industrie et l'agriculture; c'est ainsi que,
« sous l'apparence de la bienfaisance, ils asservis-
« saient le peuple et perpétuaient des préjugés qui,
« depuis si longtemps, flattaient leur ambition et leur
« orgueil.

« Il existait encore dans cette commune une maison
« de charité, la Maison des Arts, dont l'institution
« aurait été utile, si les revenus, administrés par des
« prêtres et des moines, n'eussent été trop souvent
« l'apanage de la fainéantise et du libertinage, et de
« quelques maisons privilégiées.

« Il est si vrai que, sous le rapport politique, ces
« sortes de largesse étaient une source d'abus, qu'il
« résulte du tableau de la Municipalité qu'il existe
« dans cette commune cent huit chefs de familles avec
« enfants, sans propriétés quelconques, et qui ont
« droit à un mandat de cinq cents livres que la nation
« leur accorde sur les biens des émigrés.

« On ne sent que trop la position critique où la
« commune se trouve relativement aux subsistances.
« On ne peut attribuer à la malveillance les cris dou-
« loureux dont quantité de familles font retentir la
« salle de la municipalité. »

« Le Conseil général, ouï le rapport ci-dessus, con-
« sidérant que, si l'on n'obtient pas une certaine quan-
« tité de blé pour alimenter les malheureux, en en
« payant le prix, il en résulterait que la position
« d'homme devenu laborieux serait plus pénible que
« ne l'était autrefois son état de mendiant, puisqu'il
« ne pourrait pas, du prix de son travail, se procurer
« un pain, qu'il obtenait pour lors gratis;

« Arrête de pétitionner le représentant du peuple

« Gauthier, pour qu'il autorise cette municipalité à
« retirer provisoirement du produit des biens natio-
« naux, moyennant payement, la quantité de mille
« six cents quintaux de blé mélangé, pour être con-
« verti en pain, qui ne sera distribué qu'à ceux qui ne
« vivent que du jour à la journée. »

Cette pièce est intéressante : elle atteste d'abord
l'affreuse misère qui sévissait alors; ensuite l'intérêt
que l'administration portait à tous ces infortunés et le
zèle avec lequel elle cherchait à les soulager. Elle cons-
tate, d'un autre côté, les immenses ressources que
l'indigence avait à son secours avant la Révolution.
Les considérants que le rapport expose aboutissent à
une conclusion tout autre que celle qu'il en déduit. Ils
pouvaient être bons à être présentés au citoyen Gauthier; c'étaient des arguments *ad hominem*, auxquels
il est à présumer que la Municipalité ne croyait pas.
S'il en était autrement, on ne voit pas comment elle
échapperait au reproche d'inconséquence et d'ingrati-
tude.

N° 10

*Témoignages rendus à la foi des peuples par les registres
de Thonon.*

Le 8 juin 1793, Michaud, curé intrus de Thonon,
obtient de la Municipalité quatre chantres d'église,
auxquels elle alloue 780 francs.

A la fête de la Fédération du 10 août suivant, la
garde nationale fait bénir son drapeau.

Le 6 octobre suivant, le Conseil et le peuple de Thonon exigent la cessation des œuvres serviles dans les
jours de *fêtes et dimanches;* des affiches publiques
rappellent ce devoir.

Au fort de la Terreur, le 14 mai 1794, l'assemblée populaire, soit les clubistes, avait demandé la démolition de l'église de Thonon ; mais la Municipalité refuse ; elle allègue qu'il faut attendre une saison plus favorable, et, par ce moyen dilatoire, elle sauve son église.

Le 28 août suivant, le Conseil, considérant que, malgré les publications déjà faites, *nombre de citoyennes* portent encore des signes de fanatisme visibles, *tels que croix et crucifix*, en renouvelle la défense et arrête que les citoyens et citoyennes des campagnes en seront visés par une circulaire.

Le 2 août 1795, le Conseil arrête qu'on livrera l'église au culte des catholiques pétitionnaires, à la charge, par eux et par les prêtres, de se conformer aux lois. — Cette clause ajourna l'effet de cette concession. — 8 juin 1797, même demande, « souscrite par « un *grand nombre* de citoyens de cette commune, « pour se faire remettre l'église paroissiale en l'état « qu'elle est, avec ses clefs, pour y exercer le culte « catholique, *sous l'offre de se conformer aux lois, de* « *l'entretenir et réparer, sans aucune contribution forcée.*

« Sur quoi, l'administration arrête, conformément à « la demande des signataires. » Cette *offre de se conformer aux lois* mit encore ces bons catholiques dans l'impossibilité de rencontrer un prêtre catholique qui pût les servir avec cette réserve.

Un fait qui n'atteste pas moins le réveil de la foi et du courage religieux dans les campagnes des environs de Thonon, ce fut l'enlèvement de plusieurs cloches qui stationnaient devant le corps de garde, sur la place de la Liberté, à Thonon. Les paysans des communes du Chablais voyaient dans l'exhibition de ces cloches une insulte à leurs sentiments religieux et un vol sacrilège. C'était à qui pourrait reprendre son bien ou l'équivalent. Ces pauvres cloches étaient là, sur cette place, comme des épaves sacrées à recueillir, comme un défi insultant à relever pour ces religieux campagnards. Une sorte de concert s'établit entre eux. Aussi, dans la journée du 1er juin 1795 (13 prairial an III), on vit arriver en ville quelques gros chariots, sans chargement. Les voituriers employèrent le reste de la journée à préparer en silence leurs moyens de succès. Les gardes nationaux, qui devaient être de faction pendant la nuit, s'étaient prêtés à de copieuses libations. Quelques chefs avaient promis de ne rien voir.

A minuit, des masses de paysans arrivent sans bruit de Féterne, de Lugrin, de Saint-Paul et du Bas-Chablais; les chariots sont amenés de divers côtés sur la place de la Liberté. En peu de temps, quatre grandes cloches y sont installées. Charles Magnin, pour lors chef du poste, s'aperçoit, un peu tard, de ce qui se passe et court au tambour. A peine a-t-il commencé un roulement, qu'il est désarmé, lui et tous ses hommes. Au premier coup de la caisse, le commandant des canonniers survient à son tour; il est désarmé, bâillonné et retenu prisonnier comme les autres. Les chariots étaient déjà bien éloignés, lorsque les campagnards rendirent la liberté aux hommes du poste et rejoignirent les attelages.

Le 15 prairial, le Directoire de Thonon charge la Municipalité de procéder de suite aux informations. La garde du poste se justifia de son mieux et l'enquête n'amena aucun résultat.

Aujourd'hui encore, Féterne et Saint-Paul conservent précieusement à leur beffroi les cloches enlevées dans cette nuit mémorable.

N° 11

Le Lyaud

(Extrait du *Courrier des Alpes*, du 21 novembre 1863.)

Il est pour les populations des souvenirs historiques qu'elles doivent conserver avec un religieux respect. La commuue du Lyaud en possède quelques-uns qui méritent d'être connus : ils serviront de liens entre les gloires de son passé et les joies actuelles.

Par lettres-patentes du 5 octobre 1598, données et signées à Thonon, Charles-Emmanuel, duc de Savoie, nomma une commission pour dresser un inventaire des biens ecclésiastiques du Chablais, tels qu'ils existaient avant et après l'invasion des Bernois.

Le compte-rendu atteste qu'au Lyaud était primitivement une église paroissiale, ayant son recteur. La paroissiale du Lyaud fut annexée au Chapitre de Saint-Pierre de Genève, p r le pape Alexandre VI, le 17 janvier 1494.

Depuis la translation du Chapitre de Saint-Pierre à Annecy, les Genevois usurpèrent cette paroisse et en vendirent les biens ecclésiastiques, d'une grande valeur. François de Sales reconnaît, néanmoins, qu'il restait des revenus suffisants pour l'entretien d'un vicaire perpétuel. Après l'extirpation de l'hérésie, l'érection des paroisses réunit à Armoy la paroisse du Lyaud. Elle conserva cependant toujours l'usage de son église, où des religieux de l'abbaye d'Aulps venaient, de temps en temps, remplir les fonctions sacrées.

Les années de la Terreur, en 1793, ont attaché au Lyaud de tristes, mais consolants souvenirs. Ce village exhale encore le parfum des vertus de l'un des plus intrépides confesseurs de la foi, qui conservèrent à notre Savoie son antique physionomie religieuse.

Le nouvel apôtre du Chablais, M. Bouvet, surnommé l'Oncle-Jacques, avait sa station ordinaire au Lyaud, à six kilomètres de Thonon.

L'amour et la vénération des habitants servaient de gardes du corps à ce vénérable ecclésiastique.

Voici un extrait des notes de M. Bouvet :

« Au mois de novembre 1794, j'ai quitté les monta-
« gnes de la vallée du Biot et j'ai commencé à
« descendre au Lyaud, où j'ai été reçu avec joie. Je
« me suis retiré chez Joseph Fillon, dit l'*Épeni*, et chez
« les parents du prêtre Randon (décédé chanoine à
« Belley, dont le corps repose au Lyaud). J'ai dit la
« messe et administré les Sacrements dans plusieurs
« maisons du village, et quelquefois même à la cha-
« pelle. J'ai fait la première communion, dans une
« grange, à une foule d'enfants de presque toute la
« côte, et, dans une seule matinée, à deux cents per-
« sonnes de Thonon. Le grand-vicaire Bigex m'en-
« voyait de Lausanne (Suisse) ses *Etrennes religieuses*,
« précieux livres que j'ai distribués dans toutes les
« communes voisines, où je circulais souvent pendant
« la nuit. Les petits enfants qui venaient se confesser
« à tous les quatre-temps m'apportaient chacun un
« œuf. J'en faisais cession aux gens qui me nourris-
« saient ; c'est toute la pension que je leur ai payée.

« En l'automne de 1798, les habitants du Lyaud ont
« bâti des tribunes à leur église, soit chapelle ; ils y
« ont aussi placé des fonts baptismaux ; le tout
« *proprio motu :* de leur propre mouvement. Dans l'été
« de 1799, ils ont abattu la muraille qui séparait le
« chœur de la nef. La cloche s'étant cassée en 1801,
« les habitants se sont cotisés pour s'en procurer une
« neuve, que je bénis le 21 février 1802.

« En foi de quoi : Jacques BOUVET,
« *Missionnaire à l'archiprêtré de la côte du Chablais.* »

Il doit sortir des prodiges d'un sol si généreusement fécondé par tant de sueurs apostoliques.

Aussi cette population, en 1859, et par souscriptions volontaires, a fait construire une superbe église à trois nefs, l'une des plus belles du Bas-Chablais. Il n'en devait pas être autrement d'un peuple dont les pères avaient osé réparer une chapelle en des jours où le culte catholique était proscrit, au moment où frémissait encore le marteau sacrilège, qui venait d'abattre partout les autels....

L'abbé V. S.

Ce village du Lyaud, gracieusement assis sur le plateau qui domine Thonon, à quatre kilomètres de la chapelle des Allinges, sur les déclivités de la montagne d'Hermone, excite un bien légitime intérêt, surtout depuis la nuit mémorable où ses habitants prirent une part si glorieuse à la délivrance de l'Oncle-Jacques, en 1799.

Après le Concordat, le Lyaud fut confondu avec Armoy, pour le spirituel comme pour le temporel ; il plia sous la force et le malheur des temps ; mais il conserva précieusement son antique chapelle, comme un levain sacré, caché dans une pâte généreuse. Plus tard, ces religieux habitants obtinrent de Mgr Rey, évêque diocésain, un chapelain avec une juridiction quasi pastorale ; en 1859, ils construisirent, par leur seule initiative et à leurs frais, cette belle église, aujourd'hui richement meublée, grâce aux générosités de M. Cayen, leur digne chapelain, décédé en 1863, et aux sacrifices des habitants. Désormais cette population possèdera son autonomie au temporel comme au spirituel. Cet heureux résultat sera dû, en grande partie, à feu le maire Randon, qui a été l'O'Connell de son village, témoignage que ses compatriotes lui rendront plus tard.

Mais, ce qui fait le plus d'honneur au Lyaud, c'est l'intéressante place qu'il occupe dans la vie de l'Oncle-
Jaques; c'est ensuite la religieuse impulsion, partie de
lui, qui a successivement produit dans ce village un
remarquable développement de la foi du culte catholique. Heureux ce peuple, s'il se conserve fidèle à ses
honorables antécédents; si, après avoir tant travaillé
à s'assurer, dans son chef-lieu, le décor de la religion
et la présence de son ministre, il sait toujours en
apprécier et en utiliser les avantages, conformément
à ses honorables traditions !

N° 12

*Procès-verbal de la Municipalité de Thonon à l'occasion
de la délivrance de l'Oncle-Jacques*

L'an huit de la République française une et indi-
visible et le 13 de frimaire, les citoyens Dessaix,
président l'administration du canton de Thonon,
département du Léman ; Fernex, agent municipal
dudit Thonon, faisant les fonctions de commissaire du
gouvernement. Dantant, adjoint municipal; Dubouloz,
commandant de la garde nationale du canton ; Bourgeois, lieutenant-commandant des dragons, envoyés
comme garnissaires dans cet arrondissement; Canobis,
contrôleur de brigade des douanes nationales, et
Lepinois, lieutenant, tous deux résidant à Thonon, se
sont assemblés dans la salle des séances de l'administration municipale et ont dressé le présent procès-
verbal :

Hier, entre les sept et huit heures de relevée, le
citoyen Fernex ayant été instruit par le gendarme
Hermann que le prêtre Bouvet dit l'Oncle-Jacques
avait été arrêté et traduit par la gendarmerie dans la

maison d'arrêt, comme prêtre réfractaire, et le citoyen Michaud, concierge de la dite maison, lui ayant témoigné sa crainte au sujet de la dite détention, il avisa de suite au moyen de les faire cesser en requérant le commandant de la garde nationale de renforcer le poste de vingt-cinq hommes, de faire placer une sentinelle devant la maison d'arrêt, dans laquelle étaient trois gendarmes en faction ; il s'adressa successivement au commandant des dragons, qui, ayant répondu qu'il n'avait que trois hommes disponibles, les envoya de suite au corps de garde sur sa réquisition.

Entre neuf et dix heures, ayant été informé de quelques mouvements au sujet de la dite détention, il chercha à approfondir ces renseignements en parcourant lui-même la commune.

Ayant aperçu plus de monde qu'à l'ordinaire à ces heures indues, et pour prévenir toute rumeur, il se rendit chez le président avec l'adjoint municipal, et, tous ensemble, décorés de leurs insignes, se portèrent sur la place du corps de garde. Là, ayant rencontré des groupes d'individus, hommes et femmes, en s'adressant à eux, ils les invitèrent à se retirer, au nom de la tranquillité publique. Le commandant des dragons, qui se joignit à eux, réitéra la même invitation, auxquels il fut répondu que l'individu détenu était un brave homme et qu'on aurait dû préférablement arrêter un voleur, un assassin ; mais qu'ils n'avaient aucun dessein de troubler la tranquillité publique et qu'ils se retiraient. — Ce qu'ils parurent faire en se séparant ; ce que voyant, ils continuèrent avec le commandant de parcourir la commune, en passant par la rue de Vallon, celle de la Croix et successivement la Grande-Rue, où ils ne virent que fort peu de monde.

Arrivés sur la place du Château, ils trouvèrent un rassemblement très considérable, composé d'hommes

et de femmes, parmi lesquels ils aperçurent beaucoup
d'agitation; il s'adressèrent à eux, les invitèrent, au
nom de la tranquillité et de la loi, de se retirer, et
usèrent alternativement de toutes les voies de la per-
suasion pour les calmer, en leur peignant tous les
dangers qu'ils se préparaient, s'ils prétendaient résister à l'autorité. — Insensibles aux représentations à
eux faites, ils n'y répondirent que par des vociféra-
tions, criant : Nous voulons notre pasteur; nous
aimons la République, mais il est temps de jouir de la
liberté du culte, après sept années de privation. Il
leur fut observé que les bons citoyens se soumettaient
aux lois, et ils furent de nouveau sommés de se
retirer Mais, voyant augmenter le nombre des attroupés, ils se rendirent dans la maison du président, à
l'effet de concerter les mesures à prendre dans cette
critique circonstance, et là survint une foule d'individus qui réclamèrent l'élargissement de l'individu
détenu, qui seul, disaient-ils, pouvait rétablir l'ordre.
Les citoyens président, agent municipal, l'adjoint et le
commandant des dragons étant enfin parvenus à les
convaincre de l'impossibilité de cette mesure, les
attroupés se retirèrent, et ce dernier, pendant ces
entrefaites, sortit pour faire partir pour Genève l'estafette dont il avait été convenu, parce qu'on lui avait
annoncé que les habitants des communes voisines des-
cendaient. Il accompagna lui-même l'estafette dehors
de ville pour plus de sûreté, et le commandant de la
garde nationale, qui était au corps de garde, ayant été
appelé à annoncer que la force n'était pas assez nom-
breuse pour les fréquentes patrouilles que l'on était
obligé de faire, ils se déterminèrent alors à requérir le
contrôleur de brigade des douanes à fournir les préposés
disponibles. Celui-ci déféra de suite à cette réquisition et
se mit en mesure de l'exécuter. — Le commandant de la
garde nationale étant retourné au corps de garde sur

l'avis du citoyen Deleschaux, chef de poste, entendit, ainsi que les hommes qui s'y trouvaient, un bruit tumultueux annonçant un rassemblement extraordinaire, accompagné de grands coups redoublés contre la porte de la maison d'arrêt et suivi des cris de la sentinelle placée au devant d'icelle; il s'y rendit aussitôt et chercha à apaiser, par les voies les plus persuasives, les attroupés; — mais leur opiniâtreté était si grande que, quoique le détenu les conjurât lui-même à diverses reprises, depuis la fenêtre, de se retirer, ils s'y refusèrent constamment. — Le commandant, voyant ses démarches infructueuses, retourna au corps de garde, et, réfléchissant sur les dangers qui menaçaient les gendarmes et la garde qui était dans la maison d'arrêt, si les attroupés parvenaient à y entrer, il retourne sur-le-champ, accompagné de la troupe, vers le rassemblement; mais ils en furent empêchés par des cris confus et menaçants; ils eurent beau annoncer qu'ils étaient membres de l'administration, les attroupés n'y eurent point d'égard et le tumulte augmenta. — Ils prirent alors le parti de se retirer, connaissant l'impossibilité de réussir : l'on entendit même des coups de feu sur la place du corps de garde et sur celle de l'école, attenante. — Pour lors, le commandant des dragons, sur l'invitation qui lui fut faite de commander la troupe renforcée par les préposés, ayant leurs chefs à leur tête, se dirigeant du côté de l'attroupement, après avoir fait quelques pas, fit faire halte et s'avança seul auprès des attroupés dans le dessein de faire cesser le désordre, qui, malgré ses péroraisons, continua. — Se trouvant enveloppé, il reçut un coup à la tête, qu'il croit être un coup de pioche, et vit partir un coup de l'intérieur de la porte de la maison d'arrêt. Étant parvenu à se débarrasser, il fit avancer la troupe et commencer l'attaque. Des coups de feu se firent entendre, les attroupés se dissipèrent en emmenant avec eux le

détenu ; la troupe s'avance auprès de la maison d'arrêt
et reconnaît que les portes d'icelle sont fracturées ; elle
reconnaît aussi au devant d'icelle un cadavre, quelques
bâtons avec deux chapeaux. Le gendarme Hermann,
qui était sorti de la maison d'arrêt, avait deux bles-
sures, et a dit que, sans un homme du Lyaud, commune d'Armoy, il courait risque d'être tué.

Le tout quoi est certifié par les soussignés, chacun
en ce qui le concerne.

DESSAIX, FERNEX, etc., etc.

(Extrait du *Léman,* n° 51.)

Voilà le récit officiel de cet évènement.

Si l'Oncle-Jacques n'eût pas été délivré dans la nuit
du 12 au 13 frimaire, c'eût été trop tard le lendemain ;
car l'estafette envoyé à Genève avait amené à Thonon
un fort détachement de troupes.

N° 13

*Sort probablement réservé à l'Oncle-Jacques, sans
l'émeute à laquelle il dut sa délivrance*

M. Joseph Dessaix, dont nous avons lu avec intérêt
et profit divers écrits historiques, écrivait, dans son
journal le *Léman,* du 30 décembre 1866, les lignes
suivantes sur M. Bouvet : « Un jour, l'Oncle-Jacques
« fut arrêté comme prêtre réfractaire, et, sans l'émeute
« à laquelle il dut sa délivrance, il eût tristement subi,
« selon toute probabilité, le sort de l'abbé Joguet. »

M. Dessaix nous permettra deux observations :

La première, c'est qu'il se montre bien sévère contre
le tribunal qui aurait eu M. Bouvet à juger. L'Oncle-
Jacques ne devait point subir la peine des émigrés

rentrés en France; il n'avait jamais quitté le sol de la République. On n'aurait pu invoquer contre lui aucune loi emportant peine de mort; donc, *selon toute probabilité*, il aurait été condamné à la simple déportation ; depuis la chute de Robespierre et le rappel d'Albitte, aucun prêtre n'a subi la peine capitale. On ne peut donc croire que, cinq ans après le règne de la Terreur, on eût pu trouver à Thonon des juges pour condamner à mort l'Oncle-Jacques, surtout quand ils ne pouvaient juridiquement lui appliquer aucun article pénal emportant la mort.

La seconde observation, c'est que le tribunal de Thonon, qui aurait condamné à mort M. Bouvet, n'aurait pas eu besoin d'aller chercher ses exemples à Cluses. Cluses n'a vu fusiller qu'un prêtre, M. Joguet, tandis que Thonon en a vu fusiller deux, MM. Vernaz et Morens, qui n'étaient pas plus coupables, devant l'inique loi de l'époque. Nous louons M. Dessaix de ne point aimer à évoquer ces souvenirs néfastes; mais les habitants de Cluses peuvent aussi éprouver une répugnance analogue.

N° 14

M. Dubouloz et ses services pendant la Révolution

Si Thonon eut la douleur de voir quelques tristes défections dans le clergé qui résidait dans ses murs, pendant la tourmente révolutionnaire, il eut la gloire de fournir à l'ancien diocèse de Genève un des prêtres qui traversèrent le plus honorablement cette époque : c'est M. Jacques-François Dubouloz. M. Vuarin nous a aussi laissé quelques pages pleines d'intérêt sur cet intrépide confesseur de la foi. Il fut le chef de M. Bouvet dans l'œuvre des missions, et voilà pourquoi il convient de tracer, au moins sommairement, quelques-uns des traits de cette vie apostolique.

Quand la Révolution éclata, M. Dubouloz, qui était docteur de la sapience à Rome, avait été nommé chanoine de la cathédrale, professeur de théologie et préfet du collège d'Annecy. Il céda à l'orage et se retira à Turin, où il demeura depuis le printemps de 1793 jusqu'au rappel d'Albitte en 1794. Mgr Paget, évèque de Genève, qui était déjà à Turin depuis 1792, lui donna, ainsi qu'à M. Saint-Marcel, les pouvoirs et le titre de grands-vicaires de son diocèse. Ils rentrèrent en Savoie dans l'automne de 1794 et se partagèrent le diocèse pour le gouvernement des missions. M. Dubouloz devait s'occuper plus spécialement des provinces du Chablais, du Faucigny, du Carougeois jusqu'à Cruseille et Frangy, et du pays de Gex. M. Saint-Marcel, qui demeurait à Annecy ou dans ses environs, s'était chargé de surveiller le reste du diocèse.

On doit signaler trois actes, qui font le plus grand honneur à M Dubouloz; le premier fut de venir à Annecy, pendant le fort de la persécution, comme marque M Bouvet, pour reconnaître et constater l'identité des saintes reliques sauvées au commencement de l'année 1794 par les quatre courageux chrétiens d'Annecy, dont les noms resteront chers aux catholiques. Cette reconnaissance et l'introuvable procès-verbal qui en fut la suite a dù avoir lieu en décembre 1794. C'est vraisemblablement M. Dubouloz qui fit signer les quatre sauveurs par leurs noms renversés; il aimait les jeux d'esprit, anagrammes, charades, surtout quand ils pouvaient être utiles.

Le second acte, dont M. Dubouloz eut l'inspiration et la principale gloire, ce fut le *pieux rapt* qu'il vint faire à Annecy, en janvier 1796, sur la personne de M. Panisset, évèque constitutionnel. En compagnie de l'abbé Vuarin, diacre, il se rendit au château de Treson, où le rendez-vous était donné, et, trois jours après, ces deux cavaliers déposèrent ce pauvre homme à Lausanne, entre les mains des trois grands-vicaires : MM. de Thiollaz, Bigex et Besson, qui se chargèrent de faire la lessive, dit M. Vuarin.

Le troisième acte, dont M. Dubouloz partagea la gloire avec MM. Bigex, Besson, Saint-Marcel et Vuarin, qui servit de secrétaire, ce furent les conférences de Sécheron, en juillet 1795, où pendant cinq jours, sous le glaive de la persécution, ces hommes apostoliques concertèrent les mesures à prendre pour le service des âmes et préparèrent les déterminations que M. Paget rendit obligatoires, le 15 août suivant.

M. Dubouloz fut arrêté au printemps de 1798 et condamné à être déporté à la citadelle de l'île de Ré, où il arriva dans le courant de décembre; il y passa deux ans, admirable de patience, d'édification et de dévouement apostoliques; il parvint à s'évader au printemps de 1800. En 1803, il devint chanoine du Chapitre de Chambéry et mourut plein de jours et de mérites, le 31 décembre 1824.

Nº 15

Nouvelle visagère soit masque de sainte de Chantal

(Extrait des Registres de M. Bouvet, du 2 décembre 1818)

Madame Leblanc, née de Sonnaz, épouse de M. le chevalier Leblanc, commandant d'Annecy et de la province, indignée de ne voir à sainte de Chantal qu'une visagère en cire, ayant fait faire à ses frais par M. J.-P. Chauvet, domicilié à Annecy, une visagère en argent,

M. l'abbé Rey (1), chanoine de la Métropole de Chambéry, vicaire général du diocèse, a daigné se transporter de Chambéry à Annecy, pour présider au changement, soit substitution de visagère. Sur les onze heures du matin, M. le grand-vicaire, accompagné de M. le curé de Saint-Maurice (M. Bouvet), de M. le chanoine Duport, de M. le chanoine Mugnier, de MM. les abbés Delaverrière et Pellissier, de M. le notaire Callies, comme secrétaire, de MM. Bernard, peintre, Rey, menuisier, des dames Dangon veuve, Fontaine, religieuse visitandine, et d'une foule d'autres personnes, s'est rendu, en habit de chœur et avec étole, dans la chapelle de l'église de Saint-Maurice où est déposée la relique de sainte de Chantal.

Là il a été procédé à la vérification de l'intégrité des sceaux apposés aux quatre angles de la châsse qui renferme la précieuse relique. Ces sceaux ont été rompus et la châsse a été ouverte. On a substitué la visagère en argent à celle en cire et la châsse a été refermée et scellée aux quatre coins, sur la tête de quatre clous à vis qui joignent le couvercle ou coffre, au sceau de Mgr l'archevêque de Chambéry. Procèsverbal de tout quoi a été dressé par M. Callies, notaire, et il a été signé par M. le grand-vicaire et témoins.

A l'ouverture de la châsse, on a encensé la relique et chanté l'hymne *Fortem virili pectore...*, et la cérémonie a été terminée par *Laudate Dominum, omnes gentes*, avec l'oraison *Pro gratiarum actione*.

(La nouvelle visagère en argent a coûté cent cinquante francs, payés par Madame Leblanc.)

(1) Plus tard évêque d'Annecy, de 1832 à 1842.

N° 16

Relation de la maladie et mort du révérend sieur
Nicolas de Saint-Marcel, abbé de Grassan, chevalier
des SS. Maurice et Lazare, Conseiller de Sa Majesté
le roi de Sardaigne et docteur collégié de l'Université
de Turin.

(Extraite des registres de Saint-Pierre d'Annecy)

« R^d sieur Nicolas de Saint-Marcel, fils de Claude
« Saint-Marcel et de Jeanne Mounard, naquit à Annecy,
« le 25 août 1742. Il fit au collège de cette ville le cours
« ordinaire de ses études, avec un succès qui répondit
« à son application au travail et qui annonça ses
« grandes dispositions pour les sciences. Il fut ordonné
« prêtre par Mgr Biord, qui le nomma vicaire à Bons,
« d'où il le retira bientôt pour occuper la chaire de
« philosophie d'Annecy. Mgr Biord, juste appréciateur
« du mérite, le désigna au roi de Sardaigne Victor-
« Amédée III, pour faire l'éducation de ses quatre
« princes cadets. Sa Majesté le nomma, en effet, pré-
« cepteur des princes ses fils, LL. AA. RR. le duc
« d'Aoste, le duc de Montferrat, le duc de Genevois et
« le comte de Maurienne. Il sut, dans cette place
« importante, se mériter l'estime de son roi, l'affection
« de ses élèves et l'amour de tous. Sa Majesté le nomma
« abbé de Saint-Victor et *corone* de Grassan. L'éduca-
« tion des princes finie, il fut nommé chevalier des
« SS. Maurice et Lazare et enfin conseiller du roi.
« Pendant les malheureux temps de la Révolution, il
« fut un nouveau Joseph pour les émigrés savoyards
« et surtout pour le clergé. Sa maison fut un hospice
« ouvert à tous les malheureux. Après ces temps ora-
« geux, il combla de joie ses compatriotes en se reti-
« rant dans le sein de sa famille. S. M. Victor-Emma-

« nuel, étant rentré en possession de ses Etats de
« terre-ferme, s'empressa de lui assigner sur sa
« cassette une pension de 4,000 livres, qu'il distribuait
« généreusement aux malheureux. Lorsque, le 11 fé-
« vrier 1817, il fut atteint de violentes coliques d'esto-
« mac, qui ne firent qu'augmenter de jour en jour, il
« demanda à recevoir les sacrements ; il fut adminis-
« tré le 15 et mourut le 21, à cinq heures du matin,
« extrêmement regretté du clergé de Savoie, des pau-
« vres, dont il fut toujours le père, et généralement
« de tous ceux qui le connaissaient. Il a été enseveli,
« le 22, dans l'église de Saint-Pierre, près du grand
« bénitier, à côté de Mgr Biord. — *Requiescat in pace,*
« *amen.*

« Signé : LAVERRIÈRE, vicaire. »

Ce digne ecclésiastique eut un frère dont la carrière sacerdotale fut des plus honorablement remplies. Déjà chanoine de la cathédrale d'Annecy avant la Révolution, il émigra pendant le fort de la Terreur ; son frère l'accueillit avec le plus cordial empressement. Mais, après la chute de Robespierre, il rentra en Savoie avec M. Dubouloz, tous deux revêtus des pouvoirs de grands-vicaires pour l'administration des missions. En 1812, il fut nommé curé de Saint-Pierre d'Annecy, en remplacement de M. Chevalier, premier curé. Il se retira en 1817 et fut remplacé par M. de Rolland. En 1824, Mgr de Thiollaz le nomma chanoine de sa cathédrale ; mais il était chargé d'infirmités et d'années ; il mourut peu après et eut pour successeur au Chapitre M. Challamel, grand-vicaire et prévôt, mort en 1873.

Nº 17

Fête de la Liberté à Annecy, en 1793

Quand nous avons écrit que les patriotes d'Annecy, pendant la Révolution, avaient eu des *velléités* d'impiété, sans en avoir *l'audace*, nous n'avions pas connaissance du document suivant, écrit par un contemporain, d'après les journaux de l'époque; c'est un extrait d'un manuscrit intitulé :

« *Quelques traits de la Révolution française, dans les* « *rapports qu'elle a avec ce pays seulement,* » recueillis par Jean-François Blanc, curé de La Clusaz.

A la page 33, on lit :

« Le 10 août 1793, il y a eu ordre de faire une fête civique dans toute la France et dans toute la Savoie. Ordre au commandant de la troupe nationale de chaque paroisse de se rendre à la ville du district, avec un nombre de ses soldats nationaux, plus ou moins grand, selon la population de la commune.

.   .   .   .

« Le mode de la fête a été prescrit, et voici le raccourci de son exécution à Annecy.

« On a dressé au Pâquier (qui, à cette époque, a reçu le nom de Champ-de-Mars) trois pyramides, dont celle du milieu, beaucoup plus élevée et plus ornée que les deux autres, était destinée à recevoir la statue de la déesse de la Liberté dans une niche, et sur une espèce d'autel placé à son sommet, au milieu d'un grand nombre de flambeaux.

« Tous les insignes de la religion catholique, croix, autels, ornements d'église, vases sacrés, bonnets de prêtre, crosses, mitres, tiares, etc., etc., étaient étalés, dressés à la place du Pâquier, au bord du lac.

« A la vue d'un monde immense assemblé, douze barques, chargées de vrais amis de la prétendue Liberté, ont passé le lac ; une partie de la cargaison s'est détachée, a monté la Puyat, où attendait la statue de la *Liberté*.

« Ceux-ci, après avoir adoré la déesse, l'ont prise en triomphe, l'ont portée jusqu'au bord du lac, où elle a été reçue à genoux, dans un bateau orné comme un autel, entre les bras de ses vrais adorateurs. Cette barque a été environnée des autres, et, après une adoration universelle, tout le convoi est revenu au Pâquier, en chantant des hymnes de joie de voir le fanatisme s'enfuir à l'aspect de la Raison éclairant le monde de ses lumières. La barque fortunée arrivée au Pâquier, tous les vrais adorateurs de la déesse sont tombés à genoux, et, après due adoration, l'ont reçue en cette posture en leurs bras, avec toutes les acclamations de joie les plus extraordinaires, et les marques de respect les plus distinguées et les plus expressives. Au moment où elle a passé du bateau à terre, toutes les marques de la religion catholique se sont écroulées à terre, croix, vases sacrés, etc., etc., tout a été renversé et foulé aux pieds.

« On a placé la déesse sur son trône ; on s'est de nouveau prosterné à ses pieds ; on lui a prodigué l'encens, les actions de grâce, les louanges, etc. L'on a passé le reste du jour à boire, à se divertir, à danser sur les débris des insignes de la ci-devant religion catholique.

« Voilà, en raccourci, un narré fidèle de cette fête abominable. Notez que je n'ai rien ajouté dans ce récit aux termes de l'imprimé historique de cette fête, que l'on a fait publier dans toutes les paroisses.

« Signé : Jean-François BLANC,
« Curé de La Clusaz. »

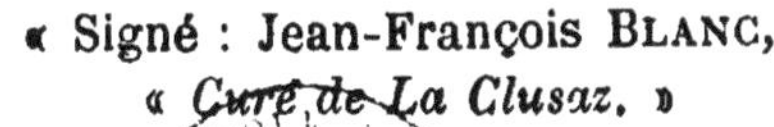

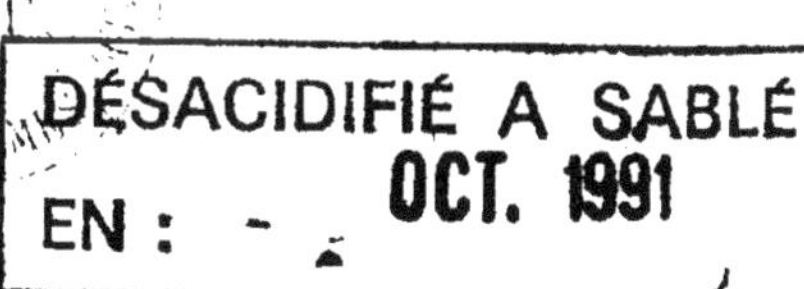

TABLE

Dédicace III

Lettre de S. E. le Cardinal Billiet à l'auteur v

Avis de l'éditeur VI

Préface.......... VII

CHAPITRE PREMIER

Sa naissance. — Sa famille. — Ses études. — Le collège de Thonon. — Diplômes de doctorat à Turin. — Séminaire d'Annecy. — Sa promotion aux saints Ordres. — Situation du clergé à cette époque. — Il est gardiateur à Reyvroz. — Son professorat et autres fonctions à Rumilly. — Situation religieuse et sociale avant la Révolution................................. 1

CHAPITRE II

M. Bouvet, député du Biot à l'Assemblée des Allobroges. — Son vote. — Raisons de ce vote. — Serment à prêter. — La persécution commence. — Parti que prend M. Bouvet. — Inauguration de la Terreur. — Martyrs. — M. Bouvet devient l'Oncle-Jacques. — Ressources et dangers. — Rouet. — Quilles. — Hottes. — Le terroriste Blanche. — Le Pien. — Confiance et gaieté. — M. Vuarin au Lyaud............... 13

CHAPITRE III

Chute de Robespierre. — Ses suites. — L'Oncle-
Jacques, devenu chef des missions du Bas-
Chablais, étend son cercle d'action. — Registres
d'Armoy. — Ses maisons de refuge à Armoy-
Lyaud. — Catéchisme aux enfants. — Association du Saint-Zèle. — Ses maisons à Thonon.
— Autres traits de présence d'esprit, ou plutôt
de protection divine. — L'Oncle-Jacques sur la
claie, — dans des fagots, — à la tisane, — contrefaisant la servante, l'ivrogne, le meunier, le
bûcheron. — Mauvaises rencontres. — Il
échappe à tout.... .... **32**

CHAPITRE IV

Situation politique et religieuse de la France
sous le Directoire. — Réaction terroriste de
fructidor. — M. Dubouloz, pris pour l'Oncle-
Jacques, est arrêté et déporté. — Arrestation
de l'Oncle-Jacques. — La confrérie du Saint-
Zèle. — Incidents et scènes diverses de cette
nuit mémorable. — Noms propres intervenus.
— L'Oncle-Jacques est arraché de 'a prison. —
Sa conduite dès lors. — M. Vuarin. — 18 Brumaire. — Résumé.......................... **51**

CHAPITRE V

Rétablissement du culte en France. — M. Bouvet,
curé de Saint-Maurice d'Annecy. — Physionomie religieuse de cette ville. — Etat de l'église
de Saint-Dominique. — Fabrique provisoire.
— Réparations diverses. — L'église est enfin
livrée au culte. — Pie VII à Chambéry. —
Confrérie. — Corporations. — Moyens et
succès............... ....·:...... **70**

CHAPITRE VI.

Fabrique épiscopale. — Translation de sainte de Chantal dans l'église de Saint-Maurice. — Cloche de Notre-Dame au clocher paroissial. — Résurrection de la fondation Buaz pour les catéchismes des pauvres, — de la fondation de Sales, pour prédication du Carême. — Démêlés et règlements financiers. — Attitude de M. Bouvet au milieu de ces tractations. — Traditions sur le B. Guillaume d'Orlié.................. 91

CHAPITRE VII.

L'invasion en 1814. — Attitude prudente de M. Bouvet, — détails qu'il donne. — Chute de Napoléon. — Érection du diocèse d'Annecy. — Mgr de Thiollaz, premier évêque. — Fêtes, — remarquable compliment de M. Bouvet. — Nouvelle délimitation des paroisses d'Annecy; — déplaisirs de M. Bouvet. — Il est tout entier à ses nouveaux paroissiens. — Résurrection du premier monastère de la Visitation à Annecy. — Reconstruction du clocher de Saint-M urice. — M. Bouvet s'endette, — change de logement, — est accablé d'infirmités et d'années. 116

CHAPITRE VIII.

Résumé de cette biographie. — M. Bouvet, au physique, au moral : sa foi et sa piété, — sa bonté et sa charité, exemples. — M. Bouvet avec les enfants, — avec ses amis, — avec ses paroissiens, — avec tout le monde. — Excursion à Genève, — en Chablais. — Ses qualités sociales. — Son zèle prudent, — expansif, — ferme. — Esprit bien doué et bien cultivé. — Emplois de confiance. — Ses habitudes de

travail, — d'ordre, — de jovialité, — de frugalité. — Patience dans sa maladie. — Sacrements. — Testament. — Sa mort. — Son acte
de décès fait sa meilleure oraison funèbre. —

Son cénotaphe 142

NOTES ANNEXÉES.

1. — Lettres de S. E. le Cardinal Billiet 164
2. — Tableau des députés du Chablais et de
    leurs adjoints à l'Assemblée des Allo-
    broges 166
3. — Municipalité de Chevénoz 169
4. — M. Vernaz et ses dénonciateurs......... 169
5. — Liste des individus émigrés de Thonon,
    dès le 22 septembre 1792 173
6. — Etat du clergé de Thonon avant la Révo-
    lution de 1792 173
7. — Note de ceux qui prétèrent le serment
    d'Albitte............................ 174
8. — Municipalité nommée par Albitte, le 26 ger-
    minal an II (15 avril 1794)............ 176
9. — Rapport présenté au citoyen Gauthier,
    représentant du peuple, au sujet de la
    pénurie des subsistances le 15 frimaire
    an III............................... 177
10. — Témoignages rendus à la foi des peuples
    par les registres de Thonon.......... 179
11. — Le Lyaud 182
12. — Procès-verbal de la municipalité de Tho-
    non à l'occasion de la délivrance de
    l'Oncle-Jacques 185

13. — Sort probablement réservé à l'Oncle-Jacques, sans l'émeute à laquelle il dut sa
délivrance 189
14. — M. Dubouloz et ses services pendant la
Révolution. 190
15. — Nouvelle visagère soit masque de sainte
de Chantal............... 192
16. — Relation de la maladie et mort du révérend sieur Nicolas de Saint-Marcel, abbé
de Grassan, chevalier des SS. Maurice
et Lazare, conseiller de Sa Majesté le roi
de Sardaigne et docteur collégié de
l'Université de Turin 194
17. — Fête de la liberté à Annecy, en 1793 196